V&R

Leben.Lieben.Arbeiten **SYSTEMISCH BERATEN**

Herausgegeben von
Jochen Schweitzer und
Arist von Schlippe

Corina Ahlers / Natascha Vittorelli /
Gustav Glück / Aladin Nakshbandi (Hg.)

Die Anderen sind wir

Eine Anleitung zum Umgang mit kultureller Uneindeutigkeit

Mit einer Abbildung und 4 Tabellen

Vandenhoeck & Ruprecht

Bibliografische Information der Deutschen Nationalbibliothek:
Die Deutsche Nationalbibliothek verzeichnet diese Publikation in der Deutschen Nationalbibliografie; detaillierte bibliografische Daten sind im Internet über https://dnb.de abrufbar.

Umschlagabbildung: doul33, Building colorful/Shutterstock.com

Satz: SchwabScantechnik, Göttingen
Druck und Bindung: ⊕ Hubert & Co. BuchPartner, Göttingen
Printed in the EU

Vandenhoeck & Ruprecht Verlage | www.vandenhoeck-ruprecht-verlage.com

ISSN 2625-6088
ISBN 978-3-525-40745-5

Inhalt

Zu dieser Buchreihe

Die Reihe »Leben. Lieben. Arbeiten: systemisch beraten« befasst sich mit Herausforderungen menschlicher Existenz und deren Bewältigung. In ihr geht es um Themen, an denen Menschen wachsen oder zerbrechen, zueinanderfinden oder sich entzweien und bei denen Menschen sich gegenseitig unterstützen oder einander das Leben schwermachen können. Manche dieser Herausforderungen (Leben.) haben mit unserer biologischen Existenz, unserem gelebten Leben zu tun, mit Geburt und Tod, Krankheit und Gesundheit, Schicksal und Lebensführung. Andere (Lieben.) betreffen unsere intimen Beziehungen, deren Anfang und deren Ende, Liebe und Hass, Fürsorge und Vernachlässigung, Bindung und Freiheit. Wiederum andere Herausforderungen (Arbeiten.) behandeln planvolle Tätigkeiten, zumeist in Organisationen, wo es um Erwerbsarbeit und ehrenamtliche Arbeit geht, um Struktur und Chaos, um Aufstieg und Abstieg, um Freud und Leid menschlicher Zusammenarbeit in ihren vielen Facetten.

Die Bände dieser Reihe beleuchten anschaulich und kompakt derartige ausgewählte Kontexte, in denen systemische Praxis hilfreich ist. Sie richten sich an Personen, die in ihrer Beratungstätigkeit mit jeweils spezifischen Herausforderungen konfrontiert sind, können aber auch für Betroffene hilfreich sein. Sie bieten Mittel zum Verständnis von Kontexten und geben Werkzeuge zu deren Bearbeitung an die Hand. Sie sind knapp, klar und gut verständlich geschrieben, allgemeine Überlegungen werden mit konkreten Fallbeispielen veranschaulicht und mögliche Wege »vom Problem zu Lösungen« werden skizziert. Auf unter 100 Buchseiten, mit etwas Glück an einem langen Abend oder einem kurzen Wochenende zu lesen, bieten sie zu dem jeweiligen lebensweltlichen Thema einen schnellen Überblick.

Die Buchreihe schließt an unsere Lehrbücher der systemischen Therapie und Beratung an. Unsere Bücher zum systemischen Grundlagenwissen (1996/2012) und zum störungsspezifischen Wissen (2006) fanden und finden weiterhin einen großen Leserkreis. Die aktuelle Reihe erkundet nun das kontextspezifische Wissen der systemischen Beratung. Es passt zu der unendlichen Vielfalt möglicher Kontexte, in denen sich »Leben. Lieben. Arbeiten« vollzieht, dass hier praxisbezogene kritische Analysen gesellschaftlicher Rahmenbedingungen ebenso willkommen sind wie Anregungen für individuelle und für kollektive Lösungswege. Um klinisch relevante Störungen, um systemische Theoriekonzepte und um spezifische beraterische Techniken geht es in diesen Bänden (nur) insoweit, als sie zum Verständnis und zur Bearbeitung der jeweiligen Herausforderungen bedeutsam sind.

Wir laden Sie als Leserin und Leser ein, uns bei diesen Exkursionen zu begleiten.

Jochen Schweitzer und Arist von Schlippe

Vorwort

Ob es uns gefällt oder nicht – schon seit einigen Jahrzehnten befindet sich die Welt in einem Veränderungsprozess, von dem wir noch nicht wissen, wohin er uns führen wird. Viele der Schemata, mit denen wir gewohnt waren, auf die Welt und auf das menschliche Leben zu schauen, greifen nicht mehr. Die Faktoren, die hier hineinspielen, sind zu vielfältig, als dass sie an dieser Stelle erschöpfend behandelt werden könnten – denken wir nur an den Umbau wirtschaftlicher Strukturen im Rahmen der Globalisierung, an die Veränderungen der Kommunikationssysteme, die es ermöglichen, dass Informationen in Sekundenschnelle die ganze Welt durchdringen, ohne auf ihren Wahrheitsgehalt hin geprüft zu sein. Oder denken wir an die vielen bewaffneten Auseinandersetzungen, deren Ursachen vielfältig sind, oft als Spätfolgen des Kolonialismus erkennbar, oft auch als Ausdruck moderner imperialer Ansprüche. Nicht zuletzt sind hier auch das weltweite Bevölkerungswachstum und die bedrohlichen Klimaveränderungen zu nennen, die in Kombination mit den vorher genannten Faktoren immer mehr Menschen in existenzielle und/oder wirtschaftliche Notlagen führen.

Wie gesagt, diese Vorgänge sind zu vielschichtig, um hier ausführlich diskutiert zu werden. Aber eines ist klar: Das Leben ist für viele Menschen in ihren angestammten Gebieten massiv erschwert oder unmöglich geworden. Sie machen sich, oft unter großen Opfern und dem Einsatz des eigenen Lebens, auf den Weg, um andere, bessere Lebensbedingungen zu suchen, manchmal auch einfach nur, um schlicht zu überleben. Mehr oder weniger auf der ganzen Welt sind Gesellschaften daher zunehmend mit dem Zustrom von Fremden konfrontiert. Die gewohnten Bilder von geografischen Grenzen verschieben sich.

Die Art, wie mit den hier kurz skizzierten Phänomenen umgegangen wird, unterscheiden sich sehr. Abschottung ist einer der Versuche: Es werden Mauern gebaut, Grenzen verstärkt, die doch – zumindest in Europa – schon fast obsolet geworden zu sein schienen. Verstärkte Grenzen finden sich auch in den Köpfen von Menschen. Gesellschaften teilen sich zwischen denen, die Fremde nur als Bedrohung sehen und denen, die die Bereicherung und Vielfalt von Multikulturalität begrüßen. Die Spannungen innerhalb der aufnehmenden Gesellschaften nehmen derart zu – die amerikanische Soziologin Arlie Hochschild spricht in diesem Zusammenhang von der »Empathiemauer«, die in den USA die Bevölkerung entzweit, entfremdet, ja fast spaltet (Hochschild, 2017).

So sieht es aus in der Welt von heute! In einer solchen Situation sind Konzepte, wie die Empathiemauern überwunden, wie konstruktive Dialoge möglich werden können, so wichtig wie vielleicht nie zuvor. Ein solches Konzept, ein durchgearbeitetes Modell für einen Kulturendialog wird in diesem Buch vorgelegt. Es ist aber auch viel mehr: es wird auch ein Abenteuer beschrieben, in dessen Verlauf die Akteur:innen sich verändert haben. Das Schöne an diesem Buch ist, dass es hier nicht um irgendein abstraktes Know-how geht. Vielmehr kommen die Beteiligten selbst zu Wort, sie berichten sehr persönlich, was sie erlebt haben. Die Schilderungen zeigen, welche eigenen Veränderungen der Dialog anregt, bereichernde, aber durchaus auch schmerzhafte. Die Erfahrungen sind ermutigend. Sie zeigen, dass es möglich ist, sich den Veränderungen der Welt gegenüber auf konstruktive Weise aufgeschlossen zu zeigen, einfühlend zu sein, ohne dass persönliche Grenzen verschwimmen. Ein solcher Prozess wird von intensiven Gefühlen begleitet, die, wenn sie nicht nur ausgehalten, sondern auch ausgedrückt und gestaltet werden, eine persönliche Bereicherung für die Dialogpartner:innen darstellen können. Die Stelle, in der davon gesprochen wird, wie gemeinsam gelacht wird, hat mich besonders beschäftigt. Lachen scheint ein besonderer Schlüssel zur Gemeinsamkeit zu sein, neben Schmerz, Wut und Tränen.

Die zentrale Aussage dieses Buches ist, dass es möglich ist, sich zu entscheiden, also zu wählen, ob man das Fremde, die Fremden als Bedrohung der eigenen Identität ansieht oder als Einladung, eine »relationale Identität« zu entwickeln, von der hier die Rede ist. Ich finde, es ist ein hoffnungsvolles Bild, dass der Weg, wie man einen Grund findet, auf dem man gemeinsam steht, von Lachen begleitet sein kann. Lassen Sie sich, liebe Leserin, lieber Leser, von diesem Lachen anstecken!

Arist von Schlippe

I

Der Kontext

1 Kulturen im Dialog – Möglichkeiten und Grenzen

Corina Ahlers und Aladin Nakshbandi

Die voranschreitende Globalisierung bringt die Aneignung von Unvertrautem und Fremdem mit sich und begünstigt damit Vielfalt im Erleben, Denken und Handeln (vgl. Yildiz, 1999). Dieser Prozess ist bereichernd, im selben Maße herausfordernd, verunsichernd und nicht leicht zu bewältigen. Im Kontakt mit dem »Fremden«[1] ist niemand davor gefeit, sich rassistisch oder diskriminierend zu verhalten. Das Projekt, auf das sich dieses Buch beruft, begegnet kulturellen Differenzen vorsätzlich polyphon. In einem reflektierten Miteinander des »Miteinanderseins« (engl. *withness*) und »Andersseins« (engl. *otherness*) wird Empathie gefördert (vgl. Shotter, 2015; Ahlers, 2017a): Gemeint ist die systemische »Integration des Fremden«, als Erweiterung von Fühl-, Denk- und Handlungsmustern, also nicht nur der Sprache, sondern auch der Geschmäcker, Düfte, Melodien des Transkulturellen. Gerade weil das Fremde lockt, irritiert, fasziniert und bedroht, ist das »Aufeinander Einschwingen« wichtig.

Hätte ich, Corina Ahlers, ihn, Aladin Nakshbandi, nicht kennengelernt, wäre kein *Kulturendialog* zustande gekommen. Seine Wunderlampe öffnete eine Schatzkammer für mich. In ihr glitzerten bedrohlich verhüllte Körper, gleißende Wüsten, Bilder über die Wiege der Menschheit in Mesopotamien in meiner Kinderbibel, Raketenfeuer in Rakka und islamistischer Terror, 9/11 im Fernsehen und Märchen aus 1001 Nacht.

Als Architekt:innen ein und desselben *Kulturendialogs* haben wir beide ihn aus unterschiedlichen Perspektiven verwaltet. Motiviert

---

1 Das »Fremde« steht in diesem Buch konkret für Unbekanntes und Ungewohntes zwischen Migrierenden aus dem arabischen Raum und den Bewohner:innen Österreichs.

wurde ich (Corina Ahlers) zu diesem Projekt durch die Flüchtlingskrise 2015, die mich »schrecklich« faszinierte. Es herrschte Krieg und er war täglich im Fernsehen zu sehen. Ich fühlte mich als Frau vom Islam bedroht. Das Eingeständnis meiner Angst erlaubte mir, mich meinen Vorurteilen zuzuwenden. Die Angst verwandelte sich in vorsichtige Neugierde. Als ich Flüchtlinge in meinem Haus aufnahm, erlebte ich das tägliche Leben mit ihnen. Ich lernte sie und mich besser kennen und ich nahm wahr, was ich mit ihnen teilen konnte und was nicht. Ich fragte mich, wie wir miteinander wachsen und Gemeinsamkeiten entdecken könnten. Meine eigenen Transformationen als Gastgeberin beschrieb ich in mittlerweile drei veröffentlichten Texten (Ahlers, 2017b; Ahlers, 2018; Ahlers, 2019). Diese Auseinandersetzung machte mich vulnerabel; das Flüchtlingsthema veränderte mich.

Motiviert wurde ich (Aladin Nakshbandi), als ich Corina Ahlers um Hilfe bat, eine PowerPoint-Präsentation auf Fehler zu überprüfen. Wir hatten ein gutes Gespräch. Ich konnte noch nicht ahnen, dass sich daraus das Projekt *Kulturendialog* entwickeln würde. In der Umsetzung war es dann eine Initiative zwischen der SMART Academy[2], der österreichischen Arbeitsgemeinschaft für systemische Therapie und systemische Studien (ÖAS)[3] und dem Kompetenzzentrum FAMILIENEU[4] mit einer bunten Mischung aus Ideen, Begegnungen und gemeinsamem Lernen. Mein Motiv, den *Kulturendialog* zu pflegen, hat allerdings eine lange Geschichte.

Gegen Ende des Jahres 2011, einige Tage bevor meine Familie und ich die Entscheidung trafen, nach Österreich, dem Ziel unse-

2 Die SMART Academy wurde 2016 von Aladin Nakshbandi gegründet, um seine kulturelle Expertise bei der Integration seiner Landsleute einzusetzen.

3 Die ÖAS bildet systemische Psychotherapeut:innen aus und bemüht sich um interdisziplinäre systemische Forschung.

4 Das Kompetenzzentrum FAMILIENEU 2005 von Corina Ahlers zur Kompetenzerweiterung bei Trennung und Neubildung von Familien gegründet.

res neuen Lebens, zu reisen, fragte mich mein damals 13-jähriger Sohn arglos: »Baba, liegt Österreich in Afrika oder in Asien?« Spontan habe ich gelächelt, später konnte ich erleben, dass Unbekanntes Menschen zu Fehlannahmen einlädt: Fehlannahmen sind *natürliche* Ergebnisse von Unklarheiten, die im Weiteren vereinfacht und trivialisiert werden.

Ähnlich wie mein Sohn damals gefragt hatte, fragten mich Österreicher:innen, ob es denn in Syrien Autos gäbe? Ich habe das Angstgefühl der Österreicher:innen vor neuen Ankömmlingen am eigenen Leib gespürt. Über Integrationsinitiativen hörte ich verschiedene Meinungen, die sehr polarisierten. Als Entwicklungsmanager war ich stets darum bemüht gewesen, Situationen zu verbessern und Brücken zu schlagen. Ich hatte beruflich schon vielseitige kulturelle Erfahrungen gemacht und z. B. erlebt, dass es für amerikanische Mitarbeiter:innen ganz normal war, die Füße auf den Tisch zu legen oder mit einer Tasse in der Hand zwischen Büros spazieren zu gehen und mit anderen Personen zu plaudern. Im Sinne des Spruchs »When in Rome do as the Romans do« habe ich es auch so gemacht. Nach drei Jahren verließ ich das US-amerikanische Unternehmen, weil ich eine neue Stelle in einer japanischen Firma antrat. Das erste Mal, als ich das Büro meines Chefs mit einer Tasse in der Hand betrat, schaute er mich böse an und schrie: »Dame, jo!« Das hieß: »Sehr schlecht, was du da gemacht hast!« Sehr überrascht, habe ich ihn gefragt: »Warum? Was ist los?« Er antwortete: »Man darf nicht in der Firma mit einer Tasse in der Hand herumspazieren! In der japanischen Kultur gilt das als aggressiv und unhöflich.« Ich verstand sein Verhalten und habe mich entschuldigt. Es war gut, dass er mit mir geredet und die Situation erklärt hat.

Ohne Kommunikation bzw. ohne den offenen und neugierigen Dialog lässt sich kein *Miteinander* schaffen. Mit dieser Überzeugung bin ich nach Österreich gekommen. Es macht mich traurig, über Vorurteile und rassistische Kommentare in den Medien zu lesen, sie zu hören oder zu sehen. Der *Kulturendialog* ist ein Experiment in der Hoffnung auf eine partnerschaftliche Begegnung. Es geht darum, Ideen zu entwickeln, wie es für uns alle besser laufen könnte.

2 Begriffsklärung

Corina Ahlers

Der Schwierigkeit, die Anrede der Teilnehmenden am *Kulturendialog* begrifflich festzulegen, begegnen *wir* im Buch wie folgt: Die Buchautor:innen und Teilnehmenden am *Kulturendialog* werden als *wir* in kursiver Schreibform präsentiert und damit von anderen Bedeutungen eines »wir« abgehoben. Dieses *Wir* ist nicht restlos ausdifferenziert, insofern es nicht immer abgestimmt wurde. Dennoch kommt es der Innensicht von *uns* auf die *Anderen* am nächsten. Diese *Anderen*, als das *Ihr* werden ebenfalls kursiviert. *Wir* markieren einen Unterschied, der die Differenz herausstreicht. Geeignete Benennungen für das jeweils Unterschiedene zu finden, war schwierig. Und dennoch wird eine Differenz deutlich.

Das *Wir* könnte heißen: Einheimische aus verschiedenen Herkunftsländern in erster oder zweiter Generation, unterschiedlich akkulturiert, die am Projekt *Kulturendialog* teilnehmen.[5]

Das *Ihr* könnte heißen: In der Zeit zwischen 2012 und 2017 nach Österreich Geflüchtete verschiedener Ethnien aus den Krisengebie-

5 Studierende systemischer Psychotherapie (Ghazaleh Djananpour, Gustav Glück, Hedwig Hink, Anna Huber, Michael Kastanek, Martina Ruttin), die ein systemisches (Forschungs-)Praktikum an der Systemischen Arbeitsgemeinschaft für Systemische Therapie und Systemisches Denken (ÖAS) absolvieren; praktizierende systemische Psychotherapeut:innen mit Forschungsinteresse (Natascha Vittorelli, Johanna Schwetz-Würth); Projektgestalterin und systemisch Lehrende mit Forschungsinteresse (Corina Ahlers).

ten Syrien und Irak, die vom Mitgestalter des Projekts und Gründer der SMART Academy Aladin Nakshbandi für den *Kulturendialog* eingeladen wurden und teilnahmen.[6]

Ein gemeinsames Schreiben und Veröffentlichen dieses Buchs ist aufgrund der sprachlichen und kulturellen Barrieren nicht gelungen. Der Rahmen des Projekts bot dennoch viele Möglichkeiten, *unsere* Phantasien zu hinterfragen und durch Transformation zu verändern. Was *wir* mit und durch *sie* lernen konnten, beschreiben *wir* in diesem Buch. Das immer noch Unsagbare bleibt *uns* allen verschlossen.

Bei allen im Text angeführten Namen haben die entsprechenden Personen ihre Zustimmung zur Veröffentlichung gegeben.

3 Einleitung

Corina Ahlers

Der Begriff »White Fragility« (DiAngelo, 2011) benennt den Habitus der Weißen in den USA, sich durch die Verleugnung der eigenen privilegierten Position den Kontakt mit »schwarzer Haut« vom Leibe zu halten. Indem ich dieser Logik im Kontext der österreichischen Flüchtlingskrise folgte, erkannte ich, dass auch ich nicht davor gefeit war, meine arabischen Gäste als *Täter:innen* zu erleben und mich als *Opfer*. Das trat v. a. auf, wenn ich sie bei der Bewältigung ihres Alltags in meinem Haus beobachtete: zu viel Schlafen, geschlossene Vorhänge, zu wenig Deutsch üben. Meiner »ihnen« gegenüber privilegierten Position war ich mir oft nicht bewusst. Ich dachte auch nie darüber nach, welch ungewöhnliche Erscheinung

6 Projektgestalter und Gründer der SMART Academy Aladin Nakshbandi, seine Frau Daad Alasli, Bachar Syed Issa, Kamel Hussein, Wissam Alkaissi, Moataz Hatem, Sonja Salim als interessierte Mitglieder der SMART Academy und fluktuierende arabische Teilnehmende.

ich für meine Gäste sein könne. Ich nahm »ihnen« gegenüber somit unbewusst eine kolonialistische Haltung ein. Die Haltung ähnelt der systemisch so kritisierten Haltung von Expertinnen und Experten, die Menschen, die »uns« fremd oder merkwürdig erscheinen, mit Diagnosen stigmatisiert. »Wir« sind die Wissenden. Hieronymus Bosch malt 1475, wie der »Stein des Irreseins« aus dem Kopf eines Kranken entfernt wird[7], während der Koran zur gleichen Zeit aufruft, seelisch Kranke zu beschützen und zu versorgen (Frances, 2013). Damals waren »wir« diejenigen, die der arabischen Aufgeklärtheit hinterherhinkten. Und bis heute wechseln sich mechanistische, rein physiologische mit sozialen bzw. familiendynamischen Erklärungsmodellen von Geisteskrankheit ab. Menschen werden als *schizophren, unangepasst, fremd, nicht integriert* oder als *kreativ, faszinierend, spannend* bezeichnet; Personen mit Migrationshintergrund gelten als Bereicherung oder als Störenfriede im lokalen Miteinander. Systemiker:innen sind gewohnt, umzuformulieren: Wo also liegen die Grenzen zwischen *fremd* bzw. *ungewohnt* und *gewohnt, unheimlich* oder *heimelig?* Wie kommunizieren mehrkulturelle Gemeinschaften über erlebte und benannte Unterschiede?

In diesem Buch dechiffrieren *wir* Sprache, Schrift, Bild, Ton, Ausdruck und Handlung in der gemeinsamen Kommunikation. Die Vernetzung einer arabischen *Flucht*-Gemeinschaft mit systemischen Psychotherapiestudierenden schaffte einen Rahmen für transformative Selbsterfahrung – im besten Fall auf beiden Seiten. Die Begegnung der Kulturen im Dialog kann gemeinsame Identität konstruieren und der durch die Globalisierung in »uns« allen entstehenden Entfremdung entgegenwirken. Gleichzeitig kann es dem psychotherapeutischen Berufsstand die Thematik des Krieges, der Flucht und

7 El Bosco, La extracción de la piedra de la locura [Der Steinschneider]. Museo del Prado/Madrid.

des Verlusts zugänglich machen, ohne mit der individualistischen-psychopathologischen Diagnose des Traumas die Gedanken vorschnell zu verengen. Psychotherapeut:innen stehen als ein Beruf des psychosozialen Feldes exemplarisch für alle Professionellen, die mit Migration und Menschen auf der Flucht in Kontakt kommen. Nicht für alle passt *Traumatisierung* als Beschreibungskategorie, nicht jedes Problem ist traumatisch, oft sind es Alltagsentbehrungen, Identitätsverlust, Heimatlosigkeit und Entwurzelung, worunter »sie« leiden, bzw. sind es die Probleme in »ihrem« Leben, die primär zugänglich sind[8]. Für Traumatisierungen muss in »ihrer« Sprache erst ein geeigneter Raum und eine geeignete Zeit zur Verarbeitung gefunden werden.

Die soziologische, politische und historische Literatur zu den Konsequenzen der Globalisierung ist weitläufig. Redundant ist die Aufforderung an Migrierende, sich dem Gastland anzupassen bzw. sich darin *ein*zupassen. Das Thema der Einwanderinnen und Einwanderer bewegt, erhitzt und polarisiert v. a. die Gemüter derer, die gerade nicht auswandern. Der postkoloniale Diskurs um die Entstigmatisierung diskriminierter Gemeinschaften ist im akademischen Bereich weit fortgeschritten. Aber ist er denn auch bei jenen Berufen angekommen, die praxisnah mit Menschen mit Migrationshintergrund arbeiten? Ist eine derartig theoriegebundene sowie selbstreflexive Auseinandersetzung für die qualifizierte Praxis notwendig? Anlass für dieses Buch in seiner Mischung aus gelebter Kommunikation und subjektiv reflektierten Empfindungen war die Förderung der Praxisnähe zum kritischen, dekolonialistischen Diskurs. Es reklamiert die theoretische und reflexive Beschäftigung mit dem Fremden im Alltag, gedacht für Praktiker:innen in Berufsfeldern, in denen Emotionen in direkten Begegnungen mit dem Fremden auf-

8 Sesma Vazquez und DeFehr (2018) finden den Begriff der Traumatisierung individualisierend, defizitär und nicht resilienzorientiert.

tauchen. Denn die Besonderheiten kultureller Herkünfte werden täglich erlebt, wenig diskutiert und noch weniger beforscht. Bis heute sind sie Randthemen in der Ausbildung zur professionellen Beratung oder Psychotherapie. Die Kompetenzerweiterung im Psychotherapieberuf wird eher im Erlernen von ICD- oder DSM-Diagnosen gesehen als in der Berücksichtigung und Reflexion von Phänomenen wie Globalisierung, Flucht und Migration. Das aufgeblähte DSM-5 (vgl. Frances, 2013) zählt mehr als die Befassung mit den überwältigenden, zeitnahen Themen unserer Zeit. Viele Studierende fühlen sich wohler mit »klaren Vorgaben«, d. h. mit Kategorien, die es erlauben, »Menschen« einzuordnen. Themen, die Prozessorientierung und innere Reflexion erfordern, werden dagegen als irritierend oder auch lästig erlebt.

Die mittlerweile »hautnah« spürbare Migration als Begleitphänomen einer unaufhaltbaren Globalisierung lässt erahnen, dass die damit verbundenen vielfältigen Nöte »uns« alltagsbezogen und professionell überrollen werden. Zunehmend kommen Menschen aus Herkunftsländern, die kulturell weit vom westlichen Alltagsverständnis entfernt sind. Von diesen wird »Anpassung« erwartet, von den Gastgeber:innen »Kultursensitivität« (vgl. Rezapour u. Zapp, 2011), bzw. »interkulturelle Kompetenz« (Hegemann, 2016). Aber mit welchem von großen Teilen der Bevölkerung abgelehnten »Vorverständnis« betrachten »wir« andere Werte, Familienstrukturen, Genderrollen usw.? Ist nicht all dies ein Zeichen von »White Fragility«, »unser« weitgehend »blinder Fleck«?

Durch das Formulieren einer quasi erlernbaren interkulturellen Kompetenz wird maskiert, dass sowohl die Gäste wie auch »ihre« Gastgeber:innen permanent vom öffentlichen Diskurs und öffentlicher Gebarung mitbestimmt werden. Der Begriff der »Integration« wird, so einseitig aus der Position der Herrschaft formuliert, kritikwürdig (vgl. Hess, Binder u. Moser, 2009). In einer Welt, die mittlerweile interkontinental ihre Wahlkampagnen mit Slogans gegen die Einwanderung von »Fremden«, »Nicht-Gebürtigen«, »der Nation Nicht-Zugehörigen« und den mystischen Begriff des »Bevölkerungsaustauschs« ausrichtet, ist interkulturelle Kompetenz nicht unabhängig vom populistischen Gerede zu begreifen.

Es bleibt eine individuelle Lebensaufgabe, sich kognitiv und emotional mit kulturgebundenen Dissonanzen zu befassen. Für jeden persönlich und im Miteinander rufen die differierenden Werte, Lebensstile und eventuell falschen Erwartungen diverser Kulturgemeinschaften aneinander nach kommunikativer Auflösung. Die Optimierung der Kommunikation könnte die Entstehung von Parallelgesellschaften reduzieren. Stattdessen führen Defizite in der Kommunikation zu Marginalisierung und diese zwangsläufig zu weiterer Polarisierung (vgl. Bukow u. Ottersbach, 1999).

Wie versteht sich Verantwortung für das Gelingen von Kommunikation zwischen wertediskrepanten Kulturen? Welche Verteilung von Verantwortung wäre konstruktiv im Ringen der Kulturen um für beide anwendbare Lösungen? Der soziale Konstruktionismus sieht die Verantwortung relational: Indem Menschen sich selbst verändern, verändern sie andere (vgl. Wasserman, 2005). Das Bewusstsein für relationale Identität heißt professionelle Verantwortung z. B. solcher Berufsgruppen, die in den Bereichen Psychotherapie, Beratung, Jugendwohlfahrt, in Frauenhäusern und anderen einschlägigen Institutionen im Gastland arbeiten. Wahrlich professionelles Handeln setzt das flexible Manövrieren zwischen u. a. radikal entgegengesetzten Blicken auf dasselbe voraus. Dabei ist eine Haltung zu bewahren, die über das Erstaunen hinaus offen und neugierig bleibt und auf das Fremde zugeht, die in der angespannten Differenz verweilen kann und damit emotionale Brücken zu kulturellen Dialogen schafft. So entsteht die Öffnung für das *noch nicht Verstehbare*. Es ist eine grundsätzliche Haltung postmoderner systemischer Denkansätze, bereit zu sein, dem Gegenüber neutral, offen, auf Augenhöhe zu begegnen (vgl. Anderson u. Goolishian, 1992; Anderson, 2009).[9]

Das »Prinzip des Dialogischen« wird irritiert, als provokanter Blick auf die Kommunikation zwischen den »sich Fremden« mit der Frage: Ist Gleichrangigkeit von Begegnung, bzw. die Kommunikation auf Augenhöhe, in transkulturellen Begegnungen überhaupt machbar? Wie kann dies gelingen, wenn schon Sprachkenntnisse eine unhintergehbare Differenz darstellen? Brüchig, lückenhaft, ungesagt bleibt das Kommunizierbare zwischen »uns« trennend stehen.

Was bedeutet es, wenn die Frau mit dem Kopftuch dem männlichen Kollegen ihre Hand verweigert? Oder wenn der männliche Religionslehrer dem weiblichen Klassenvorstand nicht die Hand gibt? Wissend, dass es »ihrem« Glaubenssystem entspricht, berührt es »uns« dennoch sowohl als Mann wie auch als Frau unangenehm. »Wir« empfinden – möglicherweise unzutreffend – für sie. Manche mögen ihr gedanklich das Kopftuch vom Kopf nehmen, sich nicht bewusst, dass diese sich nun nackt empfinden könnte. Oder »wir« erröten in der Vorahnung, dass der türkische Lehrer seine Lüsternheit in der Enthaltung verbirgt, eine Lüsternheit, zu der »wir« ihn offenbar mit »unserer« westlichen Kleidung provozieren. Wo bleibt die Augenhöhe angesichts des Umstands, dass »wir« die ganze Sicht der »Fremden Anderen« nicht erfassen? Zum einen liegt das daran, dass sich deren Sicht für »uns« nicht zu erschließen scheint, zum anderen dass »unsere« Gäste versuchen, »unsere« Erwartungen zu befriedigen, aus Höflichkeit, aus Angst, aus Gewohnheit, aus sozialer Anpassung.

Der »Schock des Fremden« bereichert und versetzt »uns« aber auch in Angst. Der professionell notwendigen Neugierde können »wir« dann nicht nachkommen, z. B. weil »wir« im Erstaunen oder

9 Dem Begriff der »Begegnung auf Augenhöhe« maß die arabische Gemeinschaft eine hohe Bedeutung zu.

sogar im Schock verharren, oder weil »wir« keine Ahnung haben, wohin »wir« die Neugierde richten wollen. Das »fremde Gefühl« macht »uns« fremd für »uns« selbst, und die geübte Professionalität lässt nach. Es ist banal, aber vielsagend: »Blinde Flecken« sind für »uns« selbst nicht nur unsichtbar, sondern gegebenenfalls auch unüberwindbar. Sie sind notwendiger Teil der Begegnung, in der um das Verstehen gerungen wird (Luhmann, 1989, S. 10).

Irritationen, Reflexionen und Transformationen, welche die mehr oder weniger gelungenen Begegnungen im Rahmen des *Kulturendialogs* bei *uns* ausgelöst haben, macht dieser Band nachlesbar und zugänglich: Die folgenden Kapitel orientieren sich am Ablauf des kulturendialogischen Prozesses. Gustav Glück stellt die »Navigation« durch die Projektteile schematisch dar und erklärt sie: Zuerst kommt der Informationsabend. Die drei anschließenden Workshops bestehen fast immer aus einem begegnungsorientierten Teil in der Großgruppe und einem Teil, in dem Kleingruppen ein Thema erarbeiten, das im Plenum vorgestellt wird. Die Themen sind vorzugsweise alltagsbezogen und existenziell. Zwischen den Workshops findet eine Nachbearbeitung der Erlebnisse statt. Sie orientiert sich am systemischen Konzept der Auswahl von Schlüsselszenen (Rober, 2011) aus den Videoaufzeichnungen der Workshops. Sie waren allen Teilnehmenden über Google Drive zugänglich.

Im darauffolgenden Kapitel bearbeiten Studierende der Psychotherapie, praktizierende Psychotherapeut:innen und systemisch Lehrende ihre Erlebnisse aus den gemeinsam absolvierten Workshops. Es gab Zusammenkünfte (Jours fixes), in denen *wir* ausgewählte Szenen miteinander anschauten und gemeinsam diskutierten. Die subjektiv als besonders wichtig empfundenen Schlüsselszenen, werden relational den Kernthemen um die mögliche Integration zugeordnet.[10]

10 Von *unserer* Transformation ausgehend befassen wir uns relational mit *ihnen*.

Das Driften zwischen Klarheit und »Intransparenz« (vgl. Luhmann, 2017) im individuellen Erleben wird als Serie von Stimmungen eingefangen. Selbstreflexionen, die persönliche und fachliche Auswege aus Irrwegen der »Fremdbegegnungen« anbieten. Manches bleibt infrage gestellt. Es sind Beschreibungen dessen, was in »hiesigen« Beobachter:innen[11] vorgeht, wenn »sie« der Fremdheit in sich begegnen, und wenn »sie« die durch eigene Resonanz übersetzten Sehnsüchte, Wünsche, Erwartungen der Fremden mit jenen kontrapunktieren, wie »sie« »Integration« verstehen. So bieten die Psychotherapeut:innen (in Ausbildung oder schon lange fertig) Alternativen für Veränderung an, indem sie ihre eigene Transformation beobachten. Leider standen von arabischer Seite keine interpretierbaren Texte zur Verfügung. Das lässt sich durch die sprachlichen Barrieren erklären. Die vorhandenen Texte folgen dem nachvollziehbaren Versuch, sozial erwünscht zu antworten. *Unser* wiederholtes Erstaunen darüber ist *unser* eigener Lernmoment.

Im Schlusskapitel formulieren *wir* neun Thesen, sie sind die Essenz aus dem Projekt im Vergleich nachträglich geführter Interviews mit Teilnehmenden. Es ist *unser* Versuch, der Leserschaft etwas in der Auseinandersetzung mit Flucht und Migration mit auf den Weg zu geben.

Das Nachwort bildet die Reflexion einer Psychotherapeutin in Ausbildung, die im Alter von acht Jahren mit ihrer Familie nach Österreich flüchten musste, als ein möglicher Zugang für das langfristige Verstehen von Beheimatung.

11 Es ist schwierig, eine übergeordnete Bezeichnung für *uns* alle zu finden, die *wir* aus unterschiedlichen Herkünften kommen und mehr oder weniger konzise Erwartungen an das Projekt hatten. Wir sind alle systemische Psychotherapeut:innen in Ausbildung, praktizierend, lehrend und arbeiten in unterschiedlichen beruflichen Kontexten.

II

Projektbeschreibung

4 Das Projekt *Kulturendialog*

Gustav Glück

Dieses Kapitel widmet sich dem Aufbau und Ablauf des Projekts *Kulturendialog.* Der Text spiegelt eher *unsere* Perspektive. *Ihren* Erwartungen und Befürchtungen ist ein eigenes Unterkapitel (siehe 4.3) gewidmet.

Um mit einer Projektdefinition zu beginnen: Ein Projekt ist ein »Vorhaben, das im Wesentlichen durch Einmaligkeit der Bedingungen in ihrer Gesamtheit gekennzeichnet ist«. Die Einmaligkeit der Bedingungen kann sich beziehen auf »Zielvorgabe; zeitliche, finanzielle, personelle oder andere Begrenzungen; […] projektspezifische Organisation« (Meyer u. Reher, 2016, S. 2).

In klassischen Projektdefinitionen findet sich immer wieder die ein Projekt konstituierende, aus der Perspektive der Projektteilnehmer:innen erlebte Dimension der Einmaligkeit, der Erstmaligkeit, ein Thema zum ersten Mal zu verfolgen, mit einem Thema zum ersten Mal konfrontiert zu sein. Der Punkt der Neuartigkeit, und auch der fortschreitenden Konkretisierung – die Progressive Elaboration – wird in Projektdefinitionen regelmäßig hervorgehoben. Erst mit fortschreitender Projektbearbeitung wächst das Wissen bei den Projektteilnehmer:innen, und die Vorstellungen über die zu entwickelnde Lösung werden klarer. Durch schrittweises Verfeinern und systematische Rückkopplung zur Gesamtsicht schärft sich der Blick (Meyer u. Reher, 2016, S. 2).

Für nahezu alle Teilnehmenden war es das erste Mal, in einer derartigen Konstellation zu arbeiten, und die fortschreitende Konkretisierung ist das Kernelement des *Kulturendialogs.* Eine derartige Konstellation umschreibt die Arbeit mit Personen aus dem arabischen Raum und die dazugehörigen Auseinandersetzungen mit *ihnen* und *ihren* Themen.

Persönlich hat mich der Teil »Führung und Steuerung« beschäftigt. Das Projekt war auf eine faszinierende Art klar hierarchisch geführt und bewegte sich trotzdem in einer Art zentrierter »Schwarmintelligenz«. Es ist eine alternative Form zur klassischen Hierarchie, und in der Andersartigkeit zu klassischen Projektorganisationen ist die Effizienz des Vorgehens und die Vielfalt der Ergebnisse nur auf der Basis eben dieser alternativen Organisation möglich gewesen (Schinagl, 2017, S. 10 f.). Das gesamte Projekt war geprägt von Kommunikation, Abstimmung, E-Mail-Kreisläufen der Ergebnisse, miteinander reden, langsamer Meinungsbildung, noch langsamerer Meinungsveränderung und Reflexion, wechselseitiger Akzeptanz, Personen in ihrer Kompetenz bestärken, einsetzen und arbeiten lassen – bei gleichzeitiger Kontrolle, unermüdlicher richtungsgebender Leitung und Lenkung.

»Serendipität« ist meine Lieblingsmetapher für den *Kulturendialog* geworden. Ein Begriff, der das Erleben im Rahmen des *Kulturendialogs* gut beschreibt. Ein paar Sätze zum »glücklichen Zufall«, wie die Serendipität auch genannt wird. Serendipität ähnelt dem sogenannten Kolumbus-Effekt (Bianchi, 2018, S. 49 ff.). Der Kolumbus-Effekt beschreibt, dass man eine Sache gesucht und eine ganz andere gefunden hat. So wie es Kolumbus ergangen ist: Indien gesucht und Amerika gefunden. Ausgehend von den Abenteuern der drei jungen Prinzen aus Serendip (einem alten persischen Namen für Sri Lanka) umschreibt der britische Künstler und Schriftsteller Horace Walpole das Phänomen erstmals 1754: Die Prinzen reisten, sie machten immer wieder durch Zufälle und Scharfsinn Entdeckungen von Dingen, die sie nicht suchten.

Drei Merkmale machen die Serendipität aus:

- Die Prinzen begeben sich auf Reisen, sind in Bewegung und voller Forscherdrang; erst ihre aktive Suche ermöglicht die Entdeckungen.
- Sie beobachten Peripheres, Zufälliges, Ungeahntes.
- Sie können durch Scharfsinn (Verstandesschärfe, Weisheit, Assoziationsvermögen) unerwartete Ereignisse erkennen und in neues Wissen verwandeln (Bianchi, 2018, S. 50; Stoeber, 2015, S. 258 f.).

Forscherdrang, Beobachtung von Peripherem und Zufälligem sowie Scharfsinn, der unerwartete Ereignisse in neues Wissen verwandelt – all das findet sich im Konzept des *Kulturendialogs*, das von Corina Ahlers zusammen mit Aladin Nakshbandi erstellt wurde.

4.1 Die Projektartefakte

Artefakte in einem Projekt sind alle dokumentierten Ergebnisse und Zwischenergebnisse, die zum Projekt beitragen (Broy u. Kuhrmann, 2013, S. 10, S. 395; Kruchten, 1999, S. 41 ff.). Als die wichtigsten Artefakte des *Kulturendialogs* sehe ich drei Dokumente: das Konzept, welches in der ÖAS als Forschungsantrag und Praktikumsbeschreibung eingereicht wurde, sowie die beiden Abschlusspräsentationen, d. h. die Darstellungen der Forschungsergebnisse in Form einer Performance und eines Films vor Publikum.

Chronologisch betrachtet setzt sich das Projekt (vgl. Abbildung 1) folgendermaßen zusammen:

- Konzept,
- Infoabend,
- Workshops,
- Spieleabend,
- Einzelarbeit: das Bearbeiten der Videosequenzen und Erstellen der Texte,
- Jours fixes,
- Abschlusspräsentationen.

Die einzelnen Elemente des Projekts werden unter 4.4 genau beschrieben. Hier nur eine kurze Zusammenfassung: Begonnen hat es mit dem Konzept, ausgesendet von Corina Ahlers. Darin waren Workshops mit Begegnungsspielen, themenorientierter Kleingruppenarbeit und moderierten Plenarveranstaltungen vorgesehen. In Einzelarbeit wurden anschließend Texte verfasst, die in Jours fixes besprochen und z. B. für die Abschlussperformance herangezogen wurden.

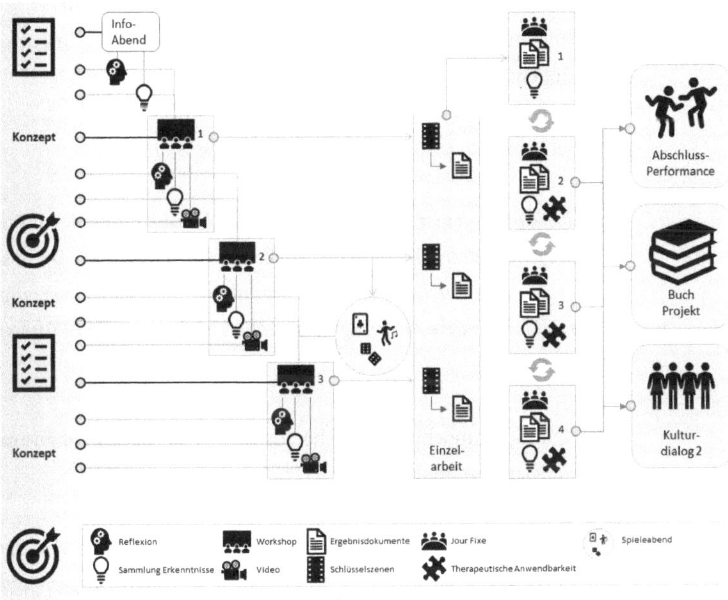

Abbildung 1: Darstellung der Elemente des Projekts *Kulturendialog*

4.2 Konzept

Das Konzept stellt sowohl die Praktikumseinladung als auch den Anfang, die Basis, die Grundlage des Projekts dar. Ein für mich sehr einladendes Dokument, das mich zur Teilnahme veranlasst (schon fast verführt) hat.

Die Klarheit des Konzepts und die Genauigkeit der Planung wurden mir erst am Ende klar, als ich es wieder gelesen hatte.
Nach einer kurzen Einleitung und einigen Hypothesen und Fragestellungen zur aktuellen Situation nach der Flüchtlingskrise 2015 in Österreich wird die methodische Vorgehensweise dargestellt.
Geplant sind drei Workshops, in denen Alltagssituationen in Form von Rollenspielen dargestellt werden.

Ein Satz aus dem ersten Absatz des Konzepts[12]:

> *»Im Rahmen einer Serie mehrstündiger Workshops führen Ausbildungsteilnehmer:innen und syrische Akademiker:innen Aktionsforschungen durch, in deren Mittelpunkt die Auseinandersetzung mit dem Schlagwort von der ›Integration als beidseitigem Prozess‹ steht.«*

Von den Zielen möchte ich jene herausgreifen, die das Vorhaben am deutlichsten beschreiben:

- *»Neugier und Aufmerksamkeit für Unterschiede wecken, die Selbstreflexion angehender Psychotherapeut:innen steigern und zur Schulung ihrer Wahrnehmung beitragen,*
- *[…] durch die wiederholte Auseinandersetzung mit den Leitfragen zu verschiedenen Zeitpunkten und in unterschiedlichen Konstellationen werden die Teilnehmer:innen mit dialogisch-kollaborativem sowie sozialkonstruktivistischem Denken vertraut gemacht,*

12 Die kursiven Textteile sind der Einladung zur Teilnahme am *Kulturendialog* entnommen, die von Corina Ahlers an Studierenden der Systemischen Therapie des ÖAS, als ein Angebot zur Teilnahme an einem Systemischen Praktikum – dem *Kulturendialog*, versandt wurde.

- *[…] Selbstbeobachtung, Selbstbeforschung und Selbstbefragung bilden eine wesentliche Basis für die Erkundung von ›Übertragungsphänomenen‹ oder nennen wir es ›inneren Konversationen‹ (vgl. Rober, 2010),*
- *[…] die Beschäftigung mit Kommunikationsvorgängen im interkulturellen Setting zielt daher gerade auch auf das direkte An- und Aussprechen unangenehmer, unerwünschter oder tabuisierter Gefühle ab.«*

Neugierde und Aufmerksamkeit wecken, die Wahrnehmung schulen, mit dialogisch-kollaborativem sowie sozialkritischem Denken vertraut werden, die Erkundung der inneren Dialoge und das Aussprechen unangenehmer, unerwünschter oder tabuisierter Gefühle: Tatsächlich waren das vor, während und nach den Workshops, in den Einzelreflexionen und den Jours fixes bis hinein in die Abschlussperformance die Schwerpunkte *unseres* Tuns. Neugierde und Aufmerksamkeit wecken und die Wahrnehmung schulen – im interkulturellen Beisammensein ist beides eine Notwendigkeit. Neugierde und Aufmerksamkeit dienen als Grundlage für Integration des Fremden, des Andersartigen. Integration ist hier in folgendem Sinn zu verstehen: Das Fremdartige, das Andersartige in der Begegnung wahrzunehmen und zu reflektieren, um den möglicherweise damit verbundenen unangenehmen, unerwünschten oder tabuisierten Gefühlen Ausdruck verleihen zu können. Zu Integration gehört ebenfalls, das wahrgenommene Fremde, das Andersartige mit *unseren* Wirklichkeitskonstrukten abzugleichen und einerseits in *unser* bestehendes Wertesystem einzubauen und andererseits neue, akzeptable Kategorien zu bilden. Das erfordert Zeit.

Eine echte Unterstützung für diese Integrationsarbeit war das detaillierte Beschreiben der Workshops und ausgewählter Schlüsselszenen:

> *»In insgesamt drei Workshops werden Alltagssituationen von Flüchtlingen in Österreich – wie Sprachunterricht, Beratungsgespräche in diversen Institutionen (AMS, ÖIF …)*[13]*, Bewerbungssituationen, Kompetenzfeststellungs- oder Nostrifikationsverfahren, Krankenhaus- oder Arztbesuche, Kindergartenanmeldung, Elternabende, Sprechtage etc., aber auch der Alltag, Spielplatz, Essen, österreichische Feste – im Rollenspiel dargestellt. Anhand derart potenziell spannungsreicher Begegnungen können Perspektiven von Flüchtlingen sowie Studierenden ausgelotet werden. Die Rollen werden unter den Teilnehmer:innen aufgeteilt. Die Zuseher_innen betreiben während des Rollenspiels Selbstbeforschung, indem sie ihre eigenen Reaktionen und Wahrnehmungen auf das Dargebotene beobachten. Die leitenden Fragen lauten: Welche Assoziationen, Emotionen, Empfindungen, Erinnerungen, Gedanken, Gefühle, Ideen, Überlegungen löst das Rollenspiel in mir aus? Wann wird's spannend? Wo werde ich neugierig? Aber auch: Wo drifte ich ab oder langweile mich?«*

Forscherdrang, Beobachtung von Peripherem, Zufälligem und Scharfsinn, der unerwartete Ereignisse in neues Wissen verwandelt, sollten bewusst gefördert werden. Im konzeptuellen Vorgehen sind die Parameter der Serendipität abgebildet – wahrscheinlich der Grund dafür, warum *wir* so viel finden durften, was *wir* gar nicht gesucht hatten. Die Stimmungsbilder sind voll mit dem Gefundenen.

13 AMS = Arbeitsmarktservice ~ Jobbörse; ÖIF = Österreichischer Integrationsfond ~ BAMF = Bundesamt für Migration und Flüchtlinge.

4.3 *Ihre* von uns nachträglich erfassten Erwartungen und Befürchtungen an den Kulturendialog

Ihre Erwartungen und Befürchtungen wurden von mir nach Beendigung des Projekts im Rahmen eines mehrstündigen Interviews mit Aladin Nakshbandi erarbeitet, nachdem er im Vorfeld Gespräche mit den arabischen Teilnehmenden des *Kulturendialogs* geführt hatte.

4.3.1 *Ihre* Erwartungen an das Projekt

Sie wollten *ihre* Sprachfähigkeit verbessern, sich umgangssprachlich mit *uns* unterhalten, *uns* verstehen und das nicht nur auf der rein grammatikalischen Ebene. Aladin Nakshbandi betont, dass aus seiner Sicht die Sprache den Schlüssel zur Gesellschaft darstellt. Aus *ihrer* Sicht z. B.: Wie und warum denken *wir* so, wie *wir* denken?

Aus vielerlei Gründen wurde während der Workshops mehr Arabisch gesprochen. In den Workshops war es zum Teil emotional und der Austausch rasch. Immer mehr wurde ins Arabische übersetzt. Aladin Nakshbandi begann daraufhin, in sogenannten Sprachcafés gemeinsam mit *ihnen* an der Sprachfähigkeit zu arbeiten. Die Reflexion des Erlebten anhand der Videosequenzen gelang unter seiner Begleitung. Anscheinend war es nur so möglich, dass deutsche Texte entstehen.

Die Rollenspiele sind gut angekommen und haben das eigenständige Sprechen deutlich unterstützt. Nonverbale Einstimmungsübungen, z. B. das Spiegeln von Mimik, Gestik und Ausdruck war für einige von *ihnen* eine »dolle« – ein von *ihnen* häufig verwendetes Wort –, Erfahrung, und manchen von *ihnen* nicht ganz geheuer: »Was machen wir da und wozu machen wir das?« *Deren* Vorliebe wären Übungen oder Tätigkeiten mit praktischem Hintergrund gewesen, etwa gemeinsam Einkaufen, in ein Restaurant gehen, Ausflüge machen. Es gab ein deutliches Interesse, das Leben hier in

Österreich anhand gemeinsamer Freizeitgestaltung kennenzulernen. Im Gegensatz dazu waren *wir* darauf eingestellt, das miteinander Erlebte nachher zu reflektieren. Anders formuliert: *Wir* reflektierten in Einzelarbeit *unsere* Stimmungen, aufkommenden Bilder, innere Dialoge, das Erstaunliche und die Irritationen. *Sie* wollten tun.

Als zweite Erwartung wurde von *ihnen* die gesellschaftliche Integration genannt. Während der Workshops wurde klar, dass es Ähnlichkeiten und Unterschiede gibt. Im Vergleich der Tagesabläufe sah vordergründig alles ähnlich aus: Weckerklingeln, aufstehen, aufräumen, essen, Nickerchen, Freunde treffen, schlafen. Bei genauerer Betrachtung traten deutliche Unterschiede zutage. Es herrschte Erstaunen auf beiden Seiten über Themen des Zusammenlebens wie etwa des Heiratens, sich Scheidenlassens, als Mann mehrere Frauen zu haben, als Frau mit nur einem Mann zu leben, Mutter von Kindern zu sein, die von verschiedenen Vätern stammen, im Familienpatchwork zu leben etc.

Ihr wichtigstes Motiv lag – bei Anmeldung über SMART Academy angeboten – im Erhalt eines Zertifikats für die Teilnahme am *Kulturendialog*. Dieses Zertifikat hatte aus *ihrer* Sicht einen besonderen Stellenwert im Rahmen des Erwerbs der österreichischen Staatsbürgerschaft. Aladin Nakshbandi: »Aktiv an Integration gearbeitet zu haben, macht sich sicherlich gut im Antrag auf die Staatsbürgerschaft.«

4.3.2 Befürchtungen im Rahmen des Projekts

Sprachdefizit als Kommunikationshürde ist *ihre* größte Befürchtung. Der Transport komplexer Inhalte, generell die Angst, nicht »vernünftig« kommunizieren zu können und Texte auf Deutsch zu erstellen, wurden hier genannt. Und *wir?* Haben *wir* das überhaupt bemerkt, bzw. haben *wir uns* bemüht, *ihnen* zu helfen? Hätten *sie unsere* Hilfe zugelassen? Aladin Nakshbandi war der Manager, der Übersetzer.

Der »Cultural Clash«, ein Schock in der Begegnung der Kulturen, ist ein großes Thema. Da gibt es sowohl Neugier als auch Angst. Speziell das Thema der Geschlechterbeziehungen, also wie leben, lieben, arbeiten *Frau* und *Mann* zusammen, erstaunt, schockiert, wird ausgeblendet, wird zum babylonischen Artefakt und damit gern vermieden. Vordergründig wurden diese Themen diskutiert. Aus meiner Sicht eher in einem Schongang, wobei ich mir hier die Frage stelle, wen haben *wir* mehr geschont: *uns* oder *sie?*

4.4 Ablauf des Projekts

4.4.1 Die Workshops

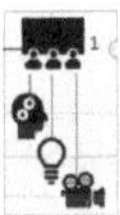

Die Workshops waren jeweils für drei bis vier Stunden anberaumt und wurden von den teilnehmenden Personen intensiv nachbearbeitet.

Während der Workshops wurden Videoaufnahmen gemacht. Sowohl die einzelnen Übungen als auch der Austausch im Plenum, nach den Übungen, wurden gefilmt. Pro Workshop gab es mehrere Stunden an Videomaterial, das auf einer für alle zugänglichen Internetplattform zur Verfügung gestellt wurde[14]. Zumeist wurde aus unterschiedlichen Perspektiven gefilmt, was der reflektorischen Nacharbeit bzw. Sichtung einen neuartigen Effekt verlieh. Die reflektorische Einzelarbeit wurde im Rahmen der Jours fixes diskutiert, mit dem eigenem Erleben verglichen.

Die Tabellen (vgl. Tabellen 1–4) wurden nach den Workshops erstellt. Die Zahlen der Teilnehmenden sind Schätzungen von *uns* und wurden anhand des Videomaterials mehrmals überprüft. Die

14 Im Vorfeld wurde das Einverständnis aller Beteiligten eingeholt, die Videosequenzen für Forschung und etwaige Publikationen zu nutzen.

drei Kategorien »Beobachtungen«, »Persönliche Highlights« und »Anmerkungen« wurden von *uns*[15] befüllt.

Tabelle 1: Infoabend

Titel	Infoabend
Teilnehmer SmA[16]	30
Teilnehmerinnen SmA	5–6
Teilnehmende ÖAS	6
Inhalt – Thema	Erstes Kennenlernen Information über den *Kulturendialog* und inhaltliche Erklärungen zum Prozess
Übungen	Rollenspiel: Fasten in umgekehrten Rollen, d. h. *sie* tun so, als würden *sie* etwas essen und *wir* schauen *ihnen* dabei zu und zeigen *ihnen* danach, wie es *uns* dabei ergeht – und das mitten im Ramadan.
Beobachtungen	Wie viele gekommen sind – damit haben *wir* gar nicht gerechnet Wie wenige *wir* in Relation sind und wie sehr *uns* das verunsichert Wie problemlos das Übersetzen und damit die Kommunikation (zumindest oberflächlich) funktioniert
Persönliches Highlight/ Entscheidende Erinnerung	Wie selbstverständlich *sie* mit Technik umgehen Wie gar nicht *wir* mit Technik umgehen Gemeinsames Fastenbrechen mit *ihnen* am Ende des Abends
Anmerkungen	Viele Personen, die ich im Lauf der Zeit besser kennenlernen durfte – und andere, die ich nach dem Infoabend nie wiedergesehen habe.

15 *Unsere* Beobachtungen, persönlichen Highlights und Anmerkungen lassen sich als Vorspann zum folgenden Kapitel betrachten, in dem einzelne Szenen von *uns* genauer reflektiert werden.

16 Bei den SMART Academy-Teilnehmenden wird zwischen Männern und Frauen unterschieden, weil deren Anwesenheit stark fluktuierte. Seitens der ÖAS waren die Teilnehmenden kontinuierlicher anwesend.

Tabelle 2: Workshop 1

Titel	Workshop 1
Teilnehmer SmA	14
Teilnehmerinnen SmA	4
Teilnehmende ÖAS	8
Inhalt – Thema	Abholen über Anknüpfen am Infoabend Kennenlernen Aus dem Leben erzählen
Übungen	1. Spiegeln: Übung zu zweit, eine Person gibt Mimik, Töne, Bewegungen vor und die zweite Person spielt alles möglichst exakt nach. Der Moment der Übergabe vom »Führen« zum »Geführt werden« ist dabei essenziell. Zwei und zwei kommen in einer Vierergruppe zusammen und es wird wieder die Führung übernommen und übergeben. Anschließend finden sich zwei Vierergruppen zusammen. Dasselbe passiert zuletzt in der Achtergruppe (siehe dazu auch unter 5.2 »Wickie und die fremden Männer«). 2. Tagesablauf dokumentieren – Trennung in Gruppen von *ihnen* und *uns:* »Wie verläuft ein durchschnittlicher Arbeits- bzw. Wochentag und wie ein Tag in den Ferien oder am Wochenende?« Danach Präsentation aller Kleingruppenarbeiten.
Beobachtungen	Wie ähnlich die Tage rein strukturell ablaufen Dass die Ähnlichkeit der Tage für *sie* genauso überraschend war wie für *uns* Mit welcher Selbstverständlichkeit *sie* getrenntgeschlechtliche Kleingruppen gebildet haben Vornehmlich männliches Lachen zu vernehmen – könnte es dabei um die Zuteilung der Hausarbeit an Frauen gegangen sein?
Persönliches Highlight/ Wichtige Erinnerung	Wie wohl ich mich in der Gruppe von Männern (*sie* waren in der Überzahl männlich) gefühlt habe und wie sehr ich es gemocht habe, den Eindruck von Akzeptanz zu haben Spaß bei der Präsentation Viel gemeinsames Lachen

Tabelle 3: Workshop 2

Titel	Workshop 2
Teilnehmer SmA	12
Teilnehmerinnen SmA	3
Teilnehmende ÖAS	8
Inhalt – Thema	Näherkommen Intimer werden Über Geschichten Emotionen zulassen
Übungen	1. Kleingruppen: Namen der anderen Personen in der KG aussprechen; Bedeutung des eigenen Namens, Geschichte bzw. Hintergrund der Namensgebung. Eine Melodie zu jedem Namen entwickeln. Am Ende im Rahmen einer Präsentation die Namen der Gruppenmitglieder als Lied singen. 2. Im Plenum wird die Methode Genogramm vorgestellt. Corina Ahlers zeichnet ihr Patchwork-Genogramm auf, erklärt die Symbole und damit auch die westliche Familienstruktur. In Kleingruppen werden *unsere* und *ihre* Genogramme erarbeitet und danach im Plenum präsentiert.
Beobachtungen	Ich habe mich ja stets gefragt: Warum treten *sie* »immer« in Gruppen auf? Wenn ich mir die Genogramme ansehe, dann komme ich zu der Aussage, dass *sie* »nie« allein sind.
Persönliches Highlight/ Wichtige Erinnerung	»Syndrom Europa«: *ihre* Frauen trennen sich, sobald *sie* nach Europa kommen (siehe dazu auch unter 5.4 »Syndrom Europa«). Wie erstaunt *sie* über *unsere* Genogramme mit den vielen Partnern und Ex-Partnern waren und *wir* über *ihre* große Geschwisterschar und die Familiensysteme mit mehreren Frauen.

Tabelle 4: Workshop 3

Titel	Workshop 3
Teilnehmer SmA	10
Teilnehmerinnen SmA	2
Teilnehmende ÖAS	6
Inhalt – Thema	Ausprobieren, in die Haut des Anderen zu schlüpfen
Übungen	Rollenspiel: Asylsuchende, gespielt von *uns,* nehmen den Behördenweg auf sich. Zuerst müssen *wir* zum Sozialamt und danach mit den richtigen Papieren zum Arbeitsmarktservice/Jobcenter. Die Beschäftigte im Sozialamt werden von *ihnen* gespielt.
Persönliches Highlight/ Wichtige Erinnerung	Eine Teilnehmerin erhält per Telefon die Nachricht, dass ein Familienmitglied in Syrien verstorben ist. Anscheinend durch eine kriegerische Handlung. Es wird um eine kurze Pause gebeten und sonst so weiter getan, als wäre nichts passiert. Anscheinend gibt es bei *ihnen* eine Art Protokoll, wie man mit solchen Situationen umgeht. Es könnte sich um ein Protokoll handeln, das verhindert, dass die Tür der Trauer und des Schmerzes zu weit aufgeht, weil man sie so schwer wieder zubekommt.
Anmerkungen	Die Personen kommen mir bekannt vor, und die Gruppe wird stabil.

4.4.2 Einzelarbeit an den Videosequenzen

Die Einzelarbeit bestand aus folgenden Teilen:

1. Erstellung eines Textes zum Workshop vor dem Hintergrund von Neugierde und Fragestellungen wie z. B.:

   - Was hat mich beschäftigt?
   - Was hat mich irritiert?
2. Sichtung der Videos und Auswahl von Schlüsselszenen in der Länge von maximal zwei Minuten. Das bedeutete, die Videos zu den Workshops zu sichten und eine Sequenz, die man für entscheidend, bedeutsam, persönlich ansprechend hält, zu identifizieren, und diese danach vor dem Hintergrund einiger Fragen zu beschreiben.

Die Fragen:

- Was hat mich an der Szene angesprochen?
- Warum halte ich die Szene für bedeutsam?
- Was hat die Szene mit mir gemacht?

4.4.3 Jours fixes

Die Jours fixes dienten der gemeinsamen Reflexion jener von Einzelnen ausgewählten Schlüsselszenen und der dazu erstellten Texte auf der Suche nach …

- Quintessenzen für eine beraterische oder therapeutische Anwendung im Feld;
- Vorbereitung der Abschlussperformance als Darstellung *unserer* Forschungsergebnisse.

Für *sie* enthielt der Abschluss die Verleihung eines Zertifikats über die Teilnahme am *Kulturendialog,* für jene von *uns,* die ein systemisches Forschungspraktikum im Rahmen dieses Projekts absolvierten, die Bestätigung darüber. Die Unterschiede im Formalakt (Zertifikat, Unterschrift im Studienbuch) führten zur Verwirrung. *Sie* waren erstaunt, dass *wir* keine Zertifikate bekamen. Die Wichtigkeit der Zertifikate klärte sich erst im Rahmen der nachträglichen Interviews (siehe 4.5 Resümee). Einerseits erwarten *sie* für sich von den Zertifikaten eine Erleichterung bei *ihrem* Einbürgerungsprozess, andererseits erleben *sie* Österreich als ein aktenorientiertes bürokratisches Land, in dem jegliche Art von Zertifikaten einen persönlichen Vorteil bringen kann.

Ihre ergebnisorientierte Partizipation am *Kulturendialog,* abgesehen von der Teilnahme, war die Herstellung eines Videofilms, der inhaltlich und technisch in *ihrer* Hand blieb. Dieser Film wurde aus allen Aufnahmen von einem syrischen Spezialisten zusammengeschnitten, der nicht am *Kulturendialog* teilgenommen hatte. Also eine Außensicht, die das Publikum ansprechen sollte. Immer deutlicher wird, dass die Durchführung des Projekts kulturell angepasst vollzogen wurde. Ein paar Beispiele zur kulturellen Angepasstheit: Terminvereinbarungen über längere Zeit, für *uns* selbstverständlich, wurden von *ihnen* nicht goutiert; Einzelarbeiten, die *wir* einzeln erstellten, wurden bei *ihnen* zu Gruppenarbeiten; Reflexionen zu Situationsbeschreibungen; 17:00 zu 17:30 oder auch 17:45. Deutlich kommt der Unterschied bei *unserer* Abschlussperformance und *ihrer* Abschlusspräsentation zum Ausdruck.

Unsere Transformationen werden in den Stimmungsbildern des folgenden Kapitels klarer gemacht.

Oft war es gar nicht so leicht bei *unseren* Reflexionen in den Jours fixes, die Meinungen und Erlebnisse anderer als persönliche Erlebnisse stehen zu lassen. Immer wieder kippten *wir* in einen »Das musst du doch so oder so sehen«-Modus. Das Überwinden dieser wertenden Rechthaberei wurde von *uns* als besonders wertvoll empfunden. *Ihre* Treffen dienten vor allem der Erledigung der »Hausaufgaben« (Produzieren von deutschen Texten).

In *unseren* Jours fixes wurden weitere Schritte geplant, was aus dem Projekt werden solle: Für manche war das geplante Buch interessant; andere wollten einfach im Austausch über *ihre* Erlebnisse bleiben.

4.4.4 Abschlussaufführung aus unserer Sicht: Die Performance

Nach der letzten Veranstaltung des *Kulturendialogs* präsentierten *wir unsere* Ergebnisse in einer einstündigen Performance vor ca. dreißig Personen.

Corina Ahlers eröffnet mit dem Satz: »Ich freue mich, dass ihr gekommen seid. Es ist eine experimentelle Geschichte, die wir da heute machen. Es ist das Ergebnis eines Projekts, das hier eineinhalb Jahre gelaufen ist.«

»Experimentelle Geschichte« hört sich sehr nach Kunst an, und wenn man die einstündige Präsentation, Performance wird es genannt, betrachtet, dann hätte es auch eine *Kunst*performance sein können. Die einjährige Mitarbeit am *Kulturendialog* wird als Collage von Texten und spielerischer Darstellung vorgestellt. Dazwischen werden Tangolieder gestreut, als globale Metapher für Migration. Eine Performance auch in dem Sinn der Verdichtung. Wie aus einem mittelalterlichen Destilliergerät. Wenn hier von Verdichtung gesprochen wird, dann sehe ich vor meinem geistigen Auge ein Labor mit unterschiedlichen Glaskolben, unter denen Feuer flackert und bunte Flüssigkeiten kochen, zischen, dampfen und vor sich hin brodeln. Ein paar Tropfen von hier und ein paar Tropfen von da rinnen zusammen: ehemals Workshops, verdichtete lange besprochene eingedickte Videosequenzen, die in autoethnografischen gefärbten Texten aufgehen und letztlich nach langwierigen Diskussionen zu einer Performance wurden.

Es ist ein dichtes vielschichtiges Geschehen, das die Betrachtenden vielleicht ein wenig ratlos, verwirrt, überfordert von den Eindrücken und fragend, was da geschehen ist, zurückgelassen hat.

Sie sind heute nicht dabei. Haben *wir sie* ausgeladen oder *sie* sich selbst? Wahrscheinlich trifft beides zu: Aladin ist an diesem Tag verhindert, es war *unsere* Fehlplanung. Allein – ohne ihn – traute sich niemand zu *uns*.

Es folgt eine kurze Podiumsdiskussion unter Teilnahme von Mary und Kenneth Gergen[17] und anschließend ein Buffet mit der Möglichkeit, im persönlichen Gespräch noch offene Themen zu erörtern.

---

17 Mary und Kenneth Gergen sind die Gründer des TAOS Institus, einer Non-Profit-Organisation, die sich der Erforschung, Entwicklung und Verbreitung von Ideen und Praktiken widmet, die kreative, wertschätzende und kollaborative Prozesse in Familien, Gemeinschaften und Organisationen weltweit fördert. Gleichzeitig sind sie auch die wichtigsten Vertreter des Sozialen Konstruktionismus, einer soziologisch orientierten Variante des Konstruktivismus.

4.4.5 Abschlussveranstaltung aus ihrer Sicht: Der Film

Zwei Tage darauf ist der Raum für die Filmvorführung gut gefüllt: Studierende der Psychotherapie, allgemein Interessierte oder im migratorischen Feld Arbeitende, am *Kulturendialog* Beteiligte, deren Freundinnen, Freunde und Bekannte. Zusammenschnitte aus den Workshops werden als Film präsentiert. Langsame Übergänge, Standbilder mit weicher Musik hinterlegt, oft verweilt die Kamera auf einer Person, einem Gesicht.

Das Intro: Szenen aus dem ersten Workshop, bei dem *wir* und *sie* an den jeweiligen Tagesstrukturen gearbeitet haben. Schnitt. Kleine Gruppen stehen fröhlich beisammen. Und man kann gut erkennen, wie viele Menschen, hauptsächlich Araber:innen, beim ersten Workshop waren. Zu dem Zeitpunkt ahnen *wir* nicht, wie wenige es am Ende noch sein werden. Die erste gemeinsame Veranstaltung, der Infoabend, war mehr als gut besucht. 36 Teilnehmende waren interessiert, und ohne Kinobestuhlung wäre es gar nicht möglich gewesen die Personen unterzubringen. Zur letzten gemeinsamen Veranstaltung kamen gerade noch 12 Teilnehmende. Einige Gründe für das abflauende Interesse sind in Kapitel 4.5 (Resümee) nachzulesen.

Schnitt. Kleingruppenarbeit an den Genogrammen. Schnitt. Rollenspiel, in dem *wir* Asylbewerber:innen beim Sozialamt spielen und von *ihnen*, Sozialamtsmitarbeiter:innen spielend betreut werden. Schnitt. Corina Ahlers neben dem Plakat zum *Kulturendialog*, das Projekt vorstellend. Aladin Nakshbandi bei einer Podiumsdiskussion. Beides wurde im Rahmen einer systemischen Forschungsveranstaltung an der Sigmund Freud Privatuniversität (SFU) aufgenommen.

Dann folgen längere Einstellungen.

Take Off: Der Infoabend, bei dem es am Ende im Rahmen des Fastenbrechens syrisches Essen gab.

First Workshop: Präsentation der Tagesstruktur. Es geht auch um das Thema Aufräumen. Männer lachen. Eine heitere Runde. Ein langsamer Schwenk über diverse Flipcharts, auf deutsch geschriebene und arabisch geschriebene.

Second Workshop: Genogramme die sich teilweise auf den Flipcharts nur im Querformat darstellen lassen: diese unwahrscheinlich großen Familienverbände, Dutzende Verwandte.

»Wenn Männer mehrere Frauen haben dürfen, können Frauen auch mehr Männer haben?«, fragt eine Teilnehmerin die arabischen Männer in der Kleingruppe (siehe dazu auch unter 5.3 »Von der Verunsicherung zur Transformation«). Da reden alle, sogar der Kameramann, zusammen mit- und durcheinander und erklären, warum dem nicht so sein kann. Die Szene ist für alle erheiternd.

Third Workshop: Rollenspiel Sozialamt.

Einer von *ihnen* findet das Sozialamt nett, das sorgt für Erstaunen. Oder es wird in diesem Film extra für *uns* hineingeschnitten …

Zwei *ihrer* Stimmen in der dem Film folgenden Podiumsdiskussion:

»Dieses Projekt hat mir die österreichische Kultur und die Österreicher nähergebracht. Ich fühle mich jetzt der Kultur und den Menschen hier näher. In den Integrationsprozessen oder Schulungen über österreichische Kultur wurde mir Wissen rein passiv vermittelt und war nicht angreifbar. Die Werte wurden mir sehr belehrend vermittelt. Im Rahmen des *Kulturendialogs* ist das Thema greifbar geworden und ich bin dankbar dafür.«

»Ich fühle mich jetzt hier mehr zu Hause. Die Österreicher sind mir nicht mehr so fremd.«

4.5 Resümee

Jetzt im Nachhinein wirkt der Prozess so strukturiert und geplant. Geplant war er auch, und Struktur war ebenfalls vorhanden. Das Zaubermittel war Reden, Reden, Reden, immer wieder aufs Neue, miteinander und auch übereinander. Nebenbei ist viel Unscheinbares passiert.

Aus dem nachträglichen Interview mit Aladin Nakshbandi noch *ihre* Rückmeldung auf die Frage, was *wir* hätten anders machen sollen:

Die Workshops hätten kontinuierlicher, sprich in rascherer Abfolge, stattfinden sollen. Die Pausen dazwischen waren zu lang. Seine Interpretation zum Wegbleiben: Von Workshop zu Workshop kamen weniger von *ihnen*, weil *sie* mit dem Wunsch kamen, mehr über die Kultur der Österreicher:innen zu erfahren und *sie* sehr rasch den Eindruck hatten, genug davon zu wissen.

Meine Gegenfrage dazu: Aber es gab doch dazwischen so viel zu tun. Wieso haben *sie* sich nicht öfters getroffen, *uns* angerufen bei Fragen? Warum haben *sie* nur Aladin akzeptiert als Berater, als Coach, als Übersetzer, als Leiter?

Darauf gibt es leider keine Antwort, aber zwei persönliche Aussagen von mir am Ende:

- *Ich weiß nicht, wie sehr wir einander kennengelernt haben. Meines Wissens haben sich kaum Beziehungen jenseits der Workshops ergeben.*
- *Und zweitens: Ich weiß ja gar nicht, was ich gesucht habe und habe so unendlich viel gefunden! Die schon öfters angesprochenen Irritationen, Momente des großen intensiven Staunens, Angst vor dem Einverleibtwerden, Angst vor der Konfrontation mit der Unlösbarkeit ihrer Alltagsprobleme, ganz bezaubernde herzliche Momente des Lachens und der Freude und den Eindruck ihnen und uns die eine oder andere Stunde eines quasi normalen Alltags ermöglicht zu haben.*

5 Stimmungsbilder

Die vorliegenden Stimmungsbilder folgen chronologisch dem Aufbau des *Kulturendialogs* und vermitteln einen Eindruck von den kleineren und größeren Transformationen, die *wir* im Zuge der Begegnung mit dem Fremden vollzogen haben. Die Texte basieren auf der den *Kulturendialog* begleitenden schriftlichen Auseinandersetzung mit den sogenannten Schlüsselszenen aus dem vorhandenen Videomaterial. Bei aller Diversität eint die folgenden Reflexionen eine unhintergehbare Grundbedingung in der Begegnung mit dem Anderen: Gestatte dir deine Gedanken, Gefühle und Irritationen zum Fremden – dann bist du in Kontakt mit dir selbst!

5.1 Fremdbild und Fremdsein

Gustav Glück

Bin zu früh dran und rauche noch eine, und da stehen schon ein paar fremdländisch aussehende Menschen vor der Tür der ÖAS. Fünf Männer und eine Frau. Unterhalten sich. Ich stehe da, schaue und beobachte die Passantinnen und Passanten. Die meisten von ihnen müssen ihr Gehen unterbrechen. Langsamer werden, ausweichen, kurz warten, bis die Ausländer:innen zur Seite treten.

Die Gesichter der Vorübergehenden verändern sich. Ein Zucken in dem einen oder anderen Mundwinkel ist zu sehen. Doch die Ausländer:innen sind viele und die Passant:innen sind allein, warten kurz und gehen dann weiter, nehmen wieder das vorherige Tempo auf. Stehen auch echt ungünstig – die Leute. Das Baugerüst und dann auch noch ein halbes Dutzend Menschen. Reden auch dauernd miteinander. Ich verstehe natürlich nix. Ist schon eigenartig. Ich glaube zu wissen, wer *sie* sind und gebe mich nicht zu erkennen.

Dann kommt ein ausländischer Anzugträger. Begrüßt die Männer und gibt der Frau nicht mal die Hand. Männer küssen sich und die Frauen werden ignoriert. Ignoriert stimmt nicht, werden halt nicht so begrüßt. Beschließe, die Frauen in der Gruppe besonders höflich zu begrüßen. So wie es sich bei »uns« gehört. Der Anzugträger ist wichtig. Frau Ahlers kommt mit dem Auto. Es wird klar, dass ich dazugehöre. Werde nicht so euphorisch von den ausländischen Bekannten begrüßt wie *sie*. Vor allem nicht von dem Anzugträger. Ärgerlich!

Wir sind wenige. Ist schon heftig. Aufgrund des Andrangs wird auf Kinobestuhlung umgestellt. Frau Ahlers sagt sowas wie: »Da wird das Abendland überrannt.« Irgendwie stimmt es. Die sind viele und anscheinend kennt jeder jeden.

Der Anzugträger ist der Anführer. Ein mächtiger Mann! Wenn sein Handy läutet, gibt er es jemand anderem, der verschwindet mit dem Teil, kommt wieder und flüstert ihm kurz etwas zu. Wow, das ist Macht! Die jungen Männer reißen sich auch irgendwie darum, ihm dienlich sein zu dürfen. Was für ein Status! Was bekommen die dafür? Wichtigkeit in der Gruppe, im Verein, in der Community? Was ist die Währung?

Die Stimmung ist fröhlich aufgeräumt. Alles so ordentlich. Ich spüre dieser »Alles ist gut«-Stimmung seither nach und kann sie nicht greifen. Wie eine dichte, sehr dichte Schicht an Sozietät, die über dem Ganzen liegt. Eine Maske von Sozietät, die kaum zu durchdringen ist. Ich tue mich sowieso schwerer, Ausländer:innen zu lesen. Auch wenn ich genau schaue, starre, was weiß ich … Wo ist die Trauer? Flüchtlinge. Wie sind *sie* nach Österreich gekommen? So als gäbe es ein stilles Einverständnis, sich nur von der guten, der Schokoladenseite zu zeigen. Integrationswillige, feine, gebildete Menschen, die es lieben, hier zu sein. Kann ich kaum glauben. Heimweh? Kein Thema.

Ein Musikant mit zitherähnlichem Instrument[18] tritt auf. Was für ein Wandel in der Stimmung! Bin von den berührten Gesichtern berührt. Manche sehen aus, als würden *sie* gleich zu weinen beginnen. Summen mit.

Auftritt der Sängerin. Attraktive Frau. Sehr weibliche Formen. Was immer sich die Männer denken und was auch immer in diesem Blick liegt, wenn ich ihn bei Österreichern sehe, würde ich ihn als lüstern bezeichnen. Als würden *sie* die Frau ausziehen. Sie singt für die Männer, die diese Situation genießen. Der eine oder andere singt mit. Bekommen *sie* feuchte Augen? Die Stimmung hat abgesehen von dem Lüsternen etwas Trauriges, Bedrücktes. Die Musik aus der Heimat verändert es.

Komme mir die meiste Zeit wie ein Voyeur vor. Schaue relativ hemmungslos und beobachte, was sich so ergibt. Männer, die sich sehr nahe kommen. Einander umarmen. Die Nähe hat etwas Anziehendes und gleichzeitig will ein großer Teil in mir diese Nähe nicht. Wo bleibt da die Individualität, wo wären da meine Grenzen, wo gibt es Alleinsein? Der »Immer im Rudel«-Gedanke taucht regelmäßig auf. Reden viel miteinander. Fühle mich inmitten der Ausländer:innen wie ein Fremdkörper.

5.2 Wickie und die fremden Männer

Anna Huber

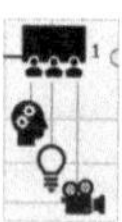

Ich schaue auf die Uhr, noch 15 Minuten bis zum ersten Workshopbeginn. Ich bin schon ganz in der Nähe vom Ausbildungsgebäude, aber ich merke ein Zögern. Soll ich schon hineingehen? Was erwartet mich heute? Ich weiß nicht viel

---

18 Es handelte sich um ein Kanun, eine syrische Kastenzither.

über das *Kulturendialogprojekt,* Gedanken gehen mir durch den Kopf: Soll ich noch eine kleine Runde um den Häuserblock drehen? Meine Schritte werden langsamer und ich schaue mich um, ob ich andere Teilnehmende sehe, die womöglich auch auf dem Weg zum Workshop sind. Ob mich wohl jemand gerade beobachtet? Ich fasse den Entschluss, keinen Abstecher mehr zu machen, nehme mein anfängliches Schritttempo wieder auf und schreite selbstbewusst in Richtung Ausbildungsgebäude. »Wovor habe ich auch Angst? Das wird eine spannende Erfahrung!«, beruhige ich mich selbst.

Im Treppenhaus höre ich Stimmen. Im Stockwerk oberhalb nehme ich die ersten Workshopteilnehmer:innen wahr, *sie* reden mit lauter Stimme und in fremder Sprache. Ich gehe eilig die Stufen hinauf, bleibe aber letztendlich unbemerkt, denn als ich ankomme, sind die anderen Teilnehmende schon in der Wohnung. Als ich den Workshopraum betrete, verfliegt meine Entschlossenheit und plötzlich ist es wieder da, dieses Gefühl von Unsicherheit. Ich schaue mich im Raum um und sehe zahlreiche arabische Teilnehmende, die sich angeregt unterhalten und mich kaum wahrnehmen. Vertraute Gesichter sehe ich keine, ich schaue auf mein Handy und stelle fest: noch acht Minuten bis zum offiziellen Beginn. Ich werfe ein zögerliches »Hallo!« in den Raum und suche mir einen Platz etwas abseits des Trubels.

Ich lausche den unterschiedlichen Gesprächen. Das laute Sprechen und das Durcheinander wirken ein bisschen bedrohlich auf mich. Wieso reden die denn so laut? Wird hier diskutiert? Und worum geht es? Noch fünf Minuten. Endlich, die ersten vertrauten Gesichter kommen zur Tür herein. Kurze Zeit später begrüßen Corina und Aladin die Gruppe. Der allgemeine Lärmpegel sinkt und die erste Aufgabe wird vorgestellt. Wir sollen uns in Zweiergruppen zusammenfinden, jeweils ein österreichischer Teilnehmer und ein arabischer Teilnehmer, und uns gegenseitig spiegeln. Von der Mimik über die Gestik bis hin zu einfachen Bewegungsabfolgen: Der Kreativität sind keine Grenzen gesetzt – Hauptsache wir spiegeln uns gegenseitig. Ich frage mich, wie gut die arabischen Teilnehmenden die Aufgabenstellung verstehen, ob *sie* ahnen, was jetzt zu tun ist? Ob *ihnen* diese Übung angenehm sein wird? Nachgeahmt zu werden, kann ja auch unangenehm sein …

Das Zusammenfinden in Zweiergruppen funktioniert einfacher als gedacht, ich freue mich über mein gutgelauntes Gegenüber. Wie alt der mir gegenüberstehende syrische Mann wohl sein mag? Was arbeitet er? Ist seine Familie auch in Wien? Hat er überhaupt Familie? Ich überlege mir, warum mich gerade diese Fragen beschäftigen. Vielleicht ist es ein Versuch, an Informationen zu gelangen, die mir eine erste Orientierungshilfe geben. Es sind wohl meine eigenen, kulturell-bedingten Schemata, die hier durchdringen und mit Informationen gefüttert werden wollen. Ich spüre den Drang, in Interaktion zu treten und vermute, dass mir Fragen über Familie bzw. Arbeit ein »Anknüpfen« ermöglichen. Letztlich weiß ich nämlich momentan kaum etwas über mein Gegenüber; das fühlt sich ungewohnt an und macht mich nervös. Gedanken gehen mir durch den Kopf, doch ich frage nicht nach, ich weiß ja nicht mal, ob mich mein Gegenüber verstehen würde. Und überhaupt: In welcher Sprache sollte ich fragen – Deutsch oder Englisch? So oder so, es bleibt keine Zeit, meiner Neugierde nachzugehen, der Startschuss für die erste Übung ist gefallen. Die anfängliche Scheu im Raum, die vor allem von nervösem Lächeln in den Gesichtern der Teilnehmenden geprägt ist, verfliegt rasch. Mein Gegenüber und ich finden gut in die Übung und von Minute zu Minute trauen wir uns, immer kreativere Gesichts- und Körperausdrücke zu präsentieren bzw. zu spiegeln.

Im Hintergrund höre ich die nächste Aufgabenstellung. Jetzt sollen wir mit zusätzlichen Personen größere Gruppen bilden. Im Augenwinkel sehe ich, dass sich uns ein anderes Team bereits nähert. Wir stellen uns schweigend im Kreis auf und mein Kollege Michael ist der Erste, der vorgibt, was die Gruppe spiegelt – der »Leader«, wie er von einem syrischen Gruppenmitglied genannt wird. Zuerst legt Michael den Kopf zur Seite, geht einen Schritt vor und wieder zurück. Später lässt er die Fingerspitzen seiner beiden Hände berühren. Aufmerksam beobachten wir Michael und spiegeln seine Vorgaben unmittelbar. Dann bewegt Michael seinen Zeigefinger erst vertikal neben dem einen Nasenflügel, dann neben dem anderen Nasenflügel und schließlich horizontal unter der Nase und plötzlich spricht mein arabischer Kollege ganz euphorisch das aus, was mir durch den Kopf geht: »Wickie!« Verschiedene Erinnerungen und Bilder kommen in mir hoch und ich denke zurück an meine Kindheit, »Wickie und die starken Männer« war eine der wenigen Sendungen, die ich als kleines Mädchen anschauen durfte. Ich sehe mich im Wohnzimmer meines Elternhauses im großen Fernsehsessel sitzen und höre das Anfangslied der Zeichentricksendung in meinem Ohr.

Ein Gefühl der Euphorie macht sich in mir breit. Ich bin begeistert, dass mein arabischer Kollege »Wickie und die starken Männer« kennt. Und dann geschieht es – ganz plötzlich: Ich bemerke, wie mir mein Gegenüber vertrauter wird, wie ich selbst lockerer und entspannter werde und diese gerade entdeckte Gemeinsamkeit für mich an unglaublicher Bedeutung gewinnt. Das Gefühl der Unsicherheit und anfänglichen Angst verfliegt, ich fühle mich meinem Gegenüber plötzlich verbunden und nahe. Ob er die Zeichentrickserie auch aus seiner Kindheit kennt? Und wie das Titellied wohl auf Arabisch klingen mag?

Gemeinsamkeiten dürften also eine wichtige Rolle spielen, ja. Aber irgendwie beschämt es mich auch, dass sich die Wahrnehmung von meinem syrischen Kollegen von einem Moment auf den anderen aufgrund einer entdeckten Gemeinsamkeit wie »Wickie« verändert. Ist das nicht unfair, dass es einer Gemeinsamkeit bedarf und diese Gemeinsamkeit justament »Wickie« ist, eine fiktive Zeichentrickfigur aus den 1970er Jahren? Ist es nicht sonderbar, dass es ausgerechnet eine Zeichentrickfigur ist, die mir die Angst vor meinem fremden Gegenüber, vor der mir fremden Kultur ein Stück weit nimmt? Und warum bin ich so überrascht über diese Entdeckung? Zeigt das nicht letzten Endes, dass ich geglaubt habe, zu wissen, was mein Gegenüber kennt bzw. nicht kennt? Ist das nicht anmaßend?

Ich beobachte die restliche Gruppe und habe das Gefühl, dass die »Wickie«-Geste nicht nur in mir etwas verändert hat, auch die Atmosphäre in der Gruppe hat sich meinem Gefühl nach gelockert. Wir alle scheinen uns über diese Entdeckung ebenso zu freuen wie zu wundern. Ein arabischer Kollege pfeift das Titellied von »Wickie« an, und einen kurzen Moment lang vergessen wir die Spiegel-Übung und die Tatsache, gerade Teil des *Kulturendialogprojekts* zu sein. In diesem Moment ist es völlig belanglos, woher wir kommen, welche Sprache wir sprechen und dass sich im Anschluss an den Workshop unsere Wege vorerst wieder trennen werden. Ich habe den Eindruck, wir verstehen uns auf eine Art und Weise, für die es in dem Moment keine Worte braucht – und vielleicht auch gar nicht gibt. In diesem Moment fühlen sich unsere Begegnung und das Beisammensein natürlich an, und mit jedem Ton der »Wickie«-Melodie macht sich ein Gefühl der Leichtigkeit und Unvoreingenommenheit breit.

Diese entdeckte Gemeinsamkeit ist etwas, an dem ich mich festhalten kann. Sie ist eine erste, durchsichtige Verbindung zwischen mir und meinem arabischen Kollegen, wie ein unsichtbarer Faden, der am heutigen Tag gespannt wurde. Noch ist diese Verbindung schwach, aber die »Wickie«-Entdeckung hat eine wunderbare Ausgangssituation geschaffen, um sich anzunähern und ein klein wenig kennenzulernen. Am Ende des Workshops verlasse ich das Ausbildungsgebäude mit einem zufriedenen Gefühl. Das Fremde fühlt sich weniger fremd an. Ich würde sogar sagen, dass es mir ein Stück weit gelungen ist, meine Angst vor dem Fremden zu überwinden. Was mir dabei geholfen hat? Mich auf die neue Situation im Rahmen des *Kulturendialogs* einzulassen und dabei neugierig zu bleiben, sodass die entdeckte Gemeinsamkeit in mir ein Gefühl der Verbundenheit zu meinem Gegenüber entstehen lassen konnte.

5.3 Von der Verunsicherung zur Transformation

Martina Ruttin

Die beiden syrischen Workshopteilnehmer am Tisch erklären, wie das mit den Männern und Frauen in Syrien so funktioniert: Sie sagen, es gäbe keine Freundschaft zwischen Männern und Frauen, entweder man heiratet oder man ist geschieden, oder eben gar nichts. Frauen sei Freundschaft mit Männern verboten. Ich denke, es ist wahr, auch wenn die Sprachschwierigkeiten es mich nicht ganz verstehen lassen. Ich frage nach der Anzahl möglicher Ehefrauen. *Wir* hatten anfangs schon darüber gesprochen, und es blieb unklar, ob Syrer drei oder vier Ehefrauen haben dürfen. Nun bekomme ich eine klare Antwort: Ein syrischer Mann darf vier Frauen gleichzeitig haben – aber keinesfalls mehr! Dann wird mir noch erklärt, er könne nacheinander auch mehr Frauen haben, denn nach einer Scheidung könne er weitere Frauen heiraten.

Ich frage noch einmal nach: »Habe ich das richtig verstanden, man kann vier Frauen gleichzeitig haben?« Und merke an: »Das geht nur, wenn man auch genug Geld hat, oder?« Der junge Mann hinter der Kamera meint, es gehe nicht ums Geld, da geschiedene Frauen zurück zu ihren Ursprungsfamilien gehen würden. Ich frage, ob eine Frau vier Männer haben kann, oder zwei … Das wird verneint, es wird auch nicht näher darauf eingegangen. Stattdessen wird ein weiteres Mal wiederholt, dass Männer »nur« vier Frauen haben dürfen, fünf gingen nicht.

Ich bin ein wenig fassungslos. Sowohl über die Inhalte, die besprochen werden, als auch über meine eigene Unwissenheit. Ich bemühe mich, während des Gesprächs nicht allzu irritiert zu wirken, aber eigentlich finde ich Polygamie und diesen Umgang mit Ehefrauen doch unvorstellbar. Noch dazu, weil mir syrische Frauen so besonders »westlich« und gebildet und selbstbewusst erschienen sind. Während meines psychosozialen Praktikums bei Hemayat (das Betreuungszentrum für Folter- und Kriegsüberlebende in Wien) hatte ich den Eindruck, dass syrische Klientinnen in meinem Alter mir ähnlich waren, sie waren mir nahe, wie vertraut. Unvorstellbar, dass sie aus einem Land kommen, in dem Männer vier Ehefrauen haben können, aber Frauen nur einen Ehemann, der sich zudem scheiden lassen und sie zu ihrer Familie zurückschicken kann!

Diese neue Information wirft viele Fragen für mich auf, auch: Woher nehmen Männer so viele Frauen? Das würde ja ein geschlechtliches Unverhältnis voraussetzen oder eben produzieren … Es werden doch nicht gerade in Syrien so viel mehr Mädchen geboren? Wie konnten sich diese Strukturen so lange halten? Es tut mir leid, dass ich keine Gelegenheit hatte, mit Frauen darüber zu sprechen! So fühle ich mich auf die Informationen zurückgeworfen, die ich von den anwesenden Männern erhalten habe … Wieso waren überhaupt bei diesem Workshop fast keine Frauen mehr dabei? Beim ersten Treffen war die Stimmung für mich noch anders, es gab zumindest fünf Frauen, die teils auch viel gesprochen haben – oder ist das nur meine verzerrte Erinnerung, weil ich diesmal nur Männer wahrgenommen habe? Nein, ich erinnere mich doch an die junge Frau, die den Ablauf ihres Alltags auf dem Flipchart erklärt hat. Sie wirkte offen, frei, unbefangen. Ist es nur mein Vorurteil, dass das syrische System auf jeden Fall Frauen unterdrückt? (Ich merke während des Schreibens, dass ich mir selbst widerspreche – alte Vorurteile, gegensätzliche eigene Erfahrungen und neue Eindrücke vermischen sich und ergeben wieder neue Fragen!) Und außerdem wurde ja auch berichtet, dass sich viele Frauen heute nicht auf den Hausfrauenberuf beschränken, sondern Ausbildungen machen und Berufe ergreifen (ich merke, dass ich das Wort »Hausfrauenberuf« das erste Mal in meinem Leben verwende …). Was wird es mit »unserer« Gesellschaft machen, wenn junge syrische Männer hier in Österreich »uns« oder ihresgleichen heiraten? Wie sehr können und müssen »sie« sich verändern, und vor allem: wie sehr müssen »wir« »uns« verändern? Was bedeutet es für »unsere« Gesellschaft, wenn eine große Zahl anders geprägter Menschen Teil davon wird?

Es fällt mir schwer, bei dieser Begegnung nicht allzu irritiert zu sein, aber ich versuche, offen zu bleiben und mir vorzustellen, dass es auch andere Aspekte dieser Realitäten gibt: Ich überlege, ob diese Strukturen ursprünglich durch spezifische Umstände entstanden sein könnten – zum Beispiel sind viele Frauen durch Kriege verwitwet und fanden in der Ehe mit einem Schwager (der schon verheiratet war) Schutz und Versorgung für sich selbst und ihre Kinder. Genau deshalb würde ich so gerne mit Frauen sprechen. Fühlen »sie« sich durch manche Gesetze beschützt? Sind »sie« mit diesen Gesetzen einverstanden? Was würden »sie« ändern, wenn »sie« könnten, und was würden »sie« beibehalten? Und würden »sie« »uns« überhaupt darüber erzählen? Was bedeuten all diese Fragen für *uns* und für *sie? Wir* fühlen uns offen und neugierig, wenn *wir* viele Fragen stellen – vielleicht erscheinen *wir ihnen* aber taktlos und unverschämt?

Mir kommt es befremdlich vor, dass ich als Frau drei Männer befrage und dabei in eine seltsame Position rutsche – ich hatte bereits beim letzten Workshop erzählt, dass ich geschieden bin und jetzt allein lebe. Welches Bild erzeugt das in den Köpfen der drei Männer? Und was macht es mit mir? Wieso überlege ich mir plötzlich, welches Bild sie von mir haben? Merke ich, dass der erlebte Blick von außen eine gewisse, ungewohnte Verunsicherung erzeugt? Zweifle ich an meiner

»selbstgewählten« Lebensform? Kommt es mir absurd vor, allein zu leben, weil ich mich durch die Augen von Hamood und Wissam sehe und durch *ihre* Ohren höre? Wieso komme ich mir selbst im Video seltsam vor, als ich bemüht Fragen stelle, versuche neutral zu wirken, obwohl ich eigentlich doch ganz ungläubig, verwirrt oder besser empört bin? Haben die Herren das bemerkt? Was hat die Fragerei mit ihnen gemacht? In mir selbst entstehen ambivalente Gefühle: Mein Stolz, so autark durchs Leben zu kommen und zugleich der syrisch-männliche Blick auf eine geschiedene Frau, die allein lebt und keine Familie hat … armselig, irgendwie …! (Ich schüttle innerlich den Kopf, nein, gar nicht armselig!) Wahrscheinlich sind alleinstehende Frauen für die Männer einfach nur ebenso unvorstellbar wie für mich Polygamie und die Lebensumstände manch syrischer Ehefrauen.

Bei der zweiten Durchsicht der Szene ist meine Irritation und Empörung bereits abgeschwächt. Für einen Moment tauchen Zweifel in mir auf, ob meine Haltung zu Emanzipation und Feminismus eigentlich auf festen Beinen steht. Oder beruhte und beruht sie auf einem automatischen Widerstand gegen Strukturen, die ich – meiner Herkunftsfamilie entsprechend – hätte übernehmen sollen? Gibt es (sogar) in mir manchmal auch Sehnsucht nach konservativen Lebensmodellen, in denen ich nicht so viele Wahlmöglichkeiten besitze? Darf ich so etwas überhaupt denken, geschweige denn aussprechen? Ich vergleiche mein Leben und das Leben meiner Freundinnen mit jenem unserer Mütter, von denen manche niemals gearbeitet haben. Viele Väter hatten (und haben) außereheliche Beziehungen. Ist es da nicht sogar ehrlicher, dass »sie« diese Frauen gleich heiraten? Ließe sich das nicht auch als offeneres System bezeichnen? Keine heimlichen Geliebten zu haben, sondern einfach vier Ehefrauen? So sind diese und die gemeinsamen Kinder wenigstens offiziell versorgt.

Was für eine spannende Gelegenheit ist der Workshop über all diese Fragen, über gesellschaftliche Veränderungen, über unterschiedliche Lebensformen nachzudenken, sich verunsichern zu lassen und zuletzt transformiert wieder zu sich zu kommen.

5.4 »Syndrom Europa«[19]

Natascha Vittorelli

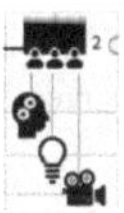

Ein Einzelschicksal wird plötzlich konkret: Ein Mann stellt sich hin und gesteht das Scheitern seiner Ehe ein. Ich stelle mir vor, dass es ihm schwergefallen sein muss, das zu tun – aber könnte es auch einen therapeutischen Effekt besitzen? Hat Bachar vielleicht Bestätigung gesucht, Verständnis erwartet, Solidarität erhofft? Sein Schicksal ist sicherlich nur *ein* Beispiel für die unzähligen »Kollateralschäden« des Krieges, *dieses* Krieges. Ist es die Betroffenheit Bachars, die ich wahrzunehmen vermeine und die mich seither nicht mehr loslässt? Oder dichte ich ihm meine eigene an? Wieso reagiere ich überhaupt derart betroffen?

Ich erkläre mir das mit der Erschütterung, die ein »plumper« Feminismus durch eine derartige Erzählung erhält: Als Feministin wäre ich dazu geneigt, ungefragt die Perspektive der – natürlich unterdrückten – Frau zu übernehmen und zu denken, dass es sich um einen Befreiungsschlag gehandelt haben muss. Eine syrische Frau nimmt die erste sich ihr bietende Gelegenheit wahr, den ungeliebten Mann zu verlassen! Der österreichische Staat ermöglicht ihr das durch die finanzielle Absicherung, die ihr zugesprochen wird – vermutlich nicht gerade ein beabsichtigter Effekt des Aufnahmelandes!

Ich kenne die Frau, die sich von diesem Mann getrennt hat, nicht – ich kenne ja kaum ihn! Ich weiß nicht, welche Art Ehe sie geführt

19 Mit »Syndrom Europa« wird in der Flüchtlingscommunity das Phänomen bezeichnet, dass Ehen nach Ankunft in Europa auf Betreiben der Ehefrauen geschieden werden.

haben, unter welchen Umständen ihre Heirat zustande gekommen ist. Doch vor mir meine ich, einen Mann zu sehen, der mit *diesem* Verlauf der Dinge nicht gerechnet hat. Ich frage mich, wie lange Bachars Ehefau wohl schon mit dem Gedanken gespielt hat, sich von ihm scheiden zu lassen? Seit wann die Situation für sie bereits unerträglich gewesen sein muss – oder ob sie vielleicht gar nicht unerträglich war, sondern ihr die Flucht einfach nur einen Weg eröffnet hat, der ihr anderenfalls nicht nur verschlossen, sondern schlicht undenkbar geblieben wäre? Ob eine mögliche Trennung für sie ein Beweggrund war, nach Europa zu kommen?

Ich frage mich, ob für Bachar mit der Scheidung eine Welt zusammengebrochen ist? Hat er den letzten Halt, hat er »alles« verloren? Ich stelle mir vor, dass Bachar einiges darangesetzt hat, seine Familie nach Österreich zu holen, um ein gemeinsames Leben in Europa zu ermöglichen.[20] Hat er eine derartige Entwicklung je in Betracht gezogen? Und hätte ihn dies davon abhalten können, seine Familie nach Österreich zu holen? Wie ist es den jugendlichen Kindern ergangen? Haben sie etwas geahnt? Oder sind sie von den Auswirkungen des Zuzugs nach Österreich überrumpelt worden? Vermissen sie ihren Vater, das gemeinsame Familienleben? Was bedeutet für sie die Trennung der Eltern – zuerst in räumlicher Hinsicht und dann auch in jeder weiteren? Wie leben diese vier Menschen, mit ihren Geschichten, hier und jetzt in Österreich? Welche Pläne, Vorstellungen, Träume, Wünsche und Ziele besitzen sie? Welche Zukunft steht ihnen bevor?

---

20 Nach nochmaliger Durchsicht der Szene stelle ich fest, dass nie davon die Rede war, dass Bachar seine Familie nachkommen hat lassen – das muss direkt meiner Fantasie entsprungen sein! Wie ist das passiert und was sagt es über mich aus? Wieso konnte ich mir eher vorstellen, dass Bachar bereits in Österreich war und sich um die Zusammenführung seiner Familie gekümmert hat, als dass die Vier gemeinsam nach Österreich gekommen sind? Hätte es ersterer Fall in meiner Vorstellung für ihn nur noch schlimmer gemacht? Hätte das »patriarchale System« dann quasi bis zuletzt geherrscht und wäre erst mit Ankunft von Frau und Kindern in Europa zu Fall gekommen?

Ich, *wir* erfahren hier nur einen kleinen Ausschnitt aus einem Leben, und dieses Leben ist wiederum nur eines von unzähligen, die durch den Krieg Wendungen genommen haben, die davor unabsehbar gewesen waren. Wenn ich überlege, was »Syndrom Europa« für mich verändert hat, dann hoffe ich, dadurch Entwicklungen und deren Auswirkungen noch differenzierter betrachten zu können – sogar und insbesondere solche Entwicklungen, die aus Sicht einer Feministin so selbstverständlich sind, wie der legitime Wunsch einer Frau, sich scheiden zu lassen!

5.5 Spiel und Vorurteil

Magda Glück

Etwa ein Jahr lang unterstützte ich und begleitete mich das Projekt *Kulturendialog.* Dazu gehörte unter anderem die Teilnahme an Gesellschaftsabenden. In erster Linie stand ich aber meinem Partner, der Teil des Projektteams ist, für Reflexion und Gedankenaustausch zur Verfügung.

Die ersten Eindrücke von den Syrer:innen waren indirekte. Gustav erzählte mir von seinen Erlebnissen in und mit der Gruppe und gemeinsam reflektierten wir aufkommende Gefühle und Irritationen: z. B., dass die arabischen Projektteilnehmer:innen immer in Gruppen auftraten, oder dass manche syrische Frauen keinem Mann die Hand reichen, und manche syrische Männer dadurch erst gar nicht auf die Idee kämen, einer Frau die Hand zu geben. Als ich dann selbst am Spieleabend[21] teilnahm, betrat ich die Räumlichkeiten voll neugieri-

21 Der Spieleabend wurde von Aladin Nakshbandi und anderen SMART Academy-Teilnehmer:innen vorgeschlagen, um eine »informelle« Begegnung zu ermöglichen. Allerdings fand er ebenfalls in den Räumen der ÖAS statt, da es eine Vorahnung gab, es würden sonst zu wenige Teilnehmende kommen.

ger Spannung. Die Begrüßung war freundlich, einige Männer reichten mir die Hand, andere ignorierten mich und gingen einfach weiter. Auch die Frauen verhielten sich sehr unterschiedlich. Ein paar trugen Hijab, anderen fielen die vollen, langen, schwarzen Haare über die Schultern. Manche grüßten die einzelnen Personen, andere gesellten sich schweigend zu bereits Anwesenden. Die Durchmischung geschah nur zögerlich und auch ich hatte Berührungsängste. Die Verständigung war schwierig. Ich sprach kein Wort Arabisch und die Deutschkenntnisse auf der anderen Seite reichten von ein paar Worten bis gut verständlich. Ich erinnere mich nicht mehr, wie es dazu kam, aber ich spielte schließlich Backgammon mit dem Leiter der syrischen Gruppe. Ich beherrsche dieses Spiel nicht sonderlich gut, kenne gerade mal die Grundregeln, und brachte Stein um Stein ins Ziel. Das erschien mir seltsam, und ich fragte mich, ob er mich, aus irgendeinem mir unbekannten Grund, absichtlich gewinnen ließ. Er war, wie ich auch, konzentriert beim Spiel, sprach nur einmal kurz mit einem anderen Mann, der ihn wohl etwas gefragt hatte. Zwei Männer unterhielten sich in einer kehligen, mir fremden Sprache, ich fühlte mich unbehaglich und ich war froh, als der eine wieder ging. Wir setzten unser Spiel fort. Unsere Unterhaltung war schleppend und bezog sich auf das Spiel, Würfelpech und ein paar dazu passende Redensarten. Irgendwann trat seine Frau neben ihn. Sie sagte etwas und legte eine Hand auf seine Schulter. Eine freundliche, zärtliche Berührung. Er stand auf und überließ ihr seinen Platz am Spielbrett. Mir erklärte er, dass er gegen mich keinerlei Chance hätte, ich solle doch gegen seine Frau antreten, sie spiele viel besser. Irgendetwas an der Situation war ihr unangenehm, sie sagte etwas zu ihm und »schlug« ihn mit der flachen Hand auf den Arm. Er lachte fröhlich und erwiderte etwas. Es schien mir, als würden die beiden einander necken, und ihre Erklärung in gebrochenem Deutsch bestätigte meine Annahme. Irgendwie erschien mir die

Situation absurd. Nicht dass ich zuvor darüber nachgedacht hatte, aber ein syrisches Ehepaar, dass sich liebevoll neckte, überraschte mich dann doch. In diesem Moment wurde mir bewusst, wie sehr ich mit Vorurteilen beladen war, und wie wenig ich eigentlich über diese Menschen wusste.

5.6 Begegnungen, die berühren, brauchen Gelegenheit

Corina Ahlers

Wir sitzen beim Jour fix in der ÖAS. Ich moderiere die Sitzung und die Technik funktioniert mal wieder nicht. *Wir* haben sechs Stunden für *unsere* Analyse eingeplant. Mittendrin kommen die SMART Academy-Teilnehmer:innen, denen heute in einer Zeremonie das Zertifikat überreicht wird. Nachher gibt es wie immer ein syrisches Buffet. Aladin ruft mich an, ob ich die Zertifikate ausdrucken kann, aber ich kenne mich in der ÖAS mit dem Drucker nicht aus, hätte er nicht gestern daran denken können? Mein Lebensthema: Die eierlegende Wollmilchsau geht sich nie aus! Mein Adrenalinspiegel steigt. Sitzen *wir* am Ende allein da, mit syrischem Buffet und ohne *sie?* Ausgemacht war ohnehin, dass *sie* im Nebenzimmer an *ihren* Schlüsselszenen auf Arabisch arbeiten. Nobody here! Dringlich warte ich auf Aladins Rückruf, ich spüre die Unruhe, die ich versuche zu tilgen, um zu mir zu kommen.

Ich rufe: »*Wir* sind jetzt da und fangen an.« Nach langwieriger Überwindung der nervigen »Alles ist wieder ganz anders«-Stimmung stellt sich zur Mitte des Tages eine konzentrierte zielgerichtete Arbeitsstimmung ein. Zu acht diskutieren *wir* über Schlüsselszenen. Dazu hören *wir* die selbstreflexiven Texte Einzelner. *Wir* versuchen, das Tempo zu halten, um es bis 17 Uhr zu schaffen, falls *sie* doch kommen. Alles ist anders, denn um 15 Uhr kommen das Ehepaar Nakshbandi und der junge Mann, der kein einziges Mal gefehlt hat, während *wir* gerade hochkonzentriert beim Interpretieren einer Videoszene sind. *Sie* warten draußen, ich unterbreche und renne rüber. Stolz öffnen *sie* den Aktenkoffer, darin die kalligrafisch ornamentierten Teilnahmezertifikate der arabischen Namen: Herzeigen, Applaudieren, Bewundern. Ich bin beeindruckt von der Eleganz des festlichen Papiers, aber wir sind noch mitten in der Arbeit. *Wir* sind noch nicht durch! Ich leite die interpretierende Gemeinschaft der Einheimischen, und daneben sitzen *sie,* die einen zeitlichen Zwischenraum belegen, zu früh für die Zeremonie, zu spät für die Teilnahme an *unserer* interpretierenden Gemeinschaft. Wie bringe ich alles unter einen Hut? Mein Adrenalinspiegel steigt schon wieder, ich lade *sie* nach kurzer Rücksprache ein, sich dazu zu setzen.

Es folgt die Analyse einer Schlüsselszene, die *uns* damals berührt hat. Die junge syrische Frau, für die eine Pause eingelegt wurde, weil sie über SMS vom Tod eines nahen Angehörigen in Syrien erfährt. In der Pause redet niemand mit der jungen Frau, keine tröstenden Worte, sie steht ganz allein mitten im Pausenraum. Auch *wir* gingen damals ratlos umher, ohne zu wissen, wie *wir* mit der Situation umgehen sollten. Jetzt können *wir sie* fragen. Gedacht, getan, und es wird sehr still. Die drei angesprochenen Personen versteinern, Erschöpfung macht sich bemerkbar. So kennen *wir sie* nicht. Einzig Aladin Nakshbandi versucht die gut eingelernte Kommunikationsrolle beizubehalten. Daad redet über Alltäglichkeiten des Krieges, die Granaten beim Telefonieren im Hintergrund, ihre Neffen und Nichten dort, die es überhören: »Wie sollen wir uns um jene kümmern, die jemanden verloren haben, wenn der Krieg doch allgegenwärtig ist? Unsere Sinne sind betäubt, Trauer für Fremde hat keinen Platz.« Einer von *uns* fragt, wie es denn für *sie* wäre, hier zu sein, die Flucht hinter sich gelassen zu haben? Falscher Zeitpunkt! Offenes, lebloses Lächeln und Kopfschütteln: »Da ist etwas zerbrochen, da gibt es nichts wiederherzustellen. Das ist kaputt! Man trägt es … irgendwie. Vielleicht in der nächsten, der übernächsten Generation.«

Zum ersten Mal werden *wir* durch *sie* mit Erlebnissen konfrontiert, die *wir* aus der Literatur oder aus Erzählungen »unserer« Eltern oder Großeltern kennen mögen. *Wir* haben sie aber nie hautnah, so menschlich greifbar aus den Augen und aus dem Mund der Zeuginnen und Zeugen erlebt. *Wir* sind auch verletzlich. Es ist eine Stimmung der Bescheidenheit und des Mit-Teilens, im menschlichen Erlebnisbereich, den *sie uns* voraushaben. Ein intimer Augenblick, in dem *wir* einander verstehen. Zugewandt und ohne mächtige Sprache.

Doch wie lange und wie können wir den Moment halten? Diese Frage stellt sich mir in Psychotherapien häufig. Das Leid ist begrenzt aushaltbar, haben *wir* ja gerade von *ihnen* gehört. Wieder erlösen *sie* mich aus dieser Erfahrung, denn inzwischen ist es 17 Uhr geworden. *Ihre* Teilnehmer erscheinen mit Krawatte und Anzug. Und Nakshbandis Kinder kommen auch; ihre Mutter bekommt ein Zertifikat. Sie sind stolz. Ich stürze mich sofort auf die Musik, weil das bei ÖAS-Studierenden so gut ankommt, und ich bemerke nicht, dass für *sie* die Fotos bei der Zertifikatsübergabe das Essenzielle sind. Später wird mir bewusst, dass der Moment im Foto eingefroren wird: Das Senden vom Foto mit Zertifikat in der Hand an die Verwandten in Syrien oder in aller Welt verstreut. *Sie* leben bei *uns* in der Diaspora. Das Foto ist der Beweis für diejenigen, die woanders in der Diaspora leben: Es zeigt trotz des zerbrochenen Inneren Einzelne im Kontakt zu *uns* – am Fotohintergrund – in der Ästhetik »ihrer« Kultur. Ich bemühe mich, *sie* in *ihrem* existenziellen Wunsch nach Anerkennung, zu verstehen. Vielleicht ist es das, was *sie* mit Begegnung »auf Augenhöhe« meinen.

5.7 Erwartungen und Empathie

Michael Kastanek

Zu Beginn kam es mir etwas zu einfach vor, mich an die aus der Ferne kommenden Teilnehmenden zu gewöhnen. Vieles wirkte so angepasst und zurechtgestutzt. Vielleicht war es nur meine Erwartung, im anderen auch wirklich etwas Fremdes, etwas Konfrontierendes erkennen zu können, die mich zu Beginn oft irritierte. Jedoch wurde ich das Gefühl nicht los, dass sich *unser* Gegenüber etwas zu sehr bemühte, sich anzupassen. Und ich bemühte mich möglicherweise zu sehr, *sie* im Zeichen der Toleranz höflichst willkommen zu heißen. Man bemühte sich um gegenseitiges Verstehen. Es gab Unterschiede, doch die waren eher zwischen den Zeilen zu finden als offiziell und konfrontativ: Das sukzessive Fernbleiben von weiblichen, »fremden« Teilnehmerinnen war dennoch zu bemerken. Die ständigen Blicke auf das Handy und Telefonate während der Seminare ließen Fragen offen. Eine davon, die ich mir stellte, war, ob *sie* hier bei *uns* waren oder ganz woanders. Die regelmäßige und mir unverständliche Absprache in einer fremden Sprache steigerten weiter meine Neugierde.

Doch warum wollte ich zwanghaft nach Unterschieden suchen? Warum wollte ich mich vom anderen getrennt wissen? Vielleicht um einen Unterschied zu (er)schaffen, um einen Bezug herstellen zu können, so wie das relative Gehör einen abweichenden Ton braucht, um sich zu orientieren und anzupassen. Ich erinnere mich an einen Beitrag im Fernsehen, in dem ein kleiner Junge zu seinem Kindergarten befragt wurde. Auf die Frage des Moderators, ob denn auch Ausländer:innen den Kindergarten besuchten, antworte der Junge spontan: »Nein. Nur Kinder!« Das Kind legte damit einen wichtigen Grundpfeiler für Empathie, indem es das Gemeinsame hervorhob, anstatt die Unterschiede. Ausländer:innen und Inländer:innen werden zu Kindern. Es geht von der Ebene der Gespaltenheit zurück auf die Ebene des Wir.

Das erste Mal fühlte ich eine Art affektive oder emotionale Empathie als Aladin und Daad vom Krieg und seinen individuellen Auswirkungen erzählten. Den Tod in solch grausamen Schilderungen vor Augen geführt zu bekommen, erinnerte mich an meine eigene Sterblichkeit. Ich fühlte einen schmerzenden Stich in mir, der seine Aufmerksamkeit verlangte, wie eine offene Wunde, die es zu versorgen galt. Es begann ein Prozess der Übereinkunft, ein sterbliches Wesen zu sein, und es wurde mir nicht etwa von Außen eingeredet, es entstand als ein Gefühl tief in mir drinnen. Es war mein Eigenes, und dennoch empfand ich es als identisch mit dem Fremden. Tod und Sterben sind existenzielle Themen, die Verbundenheit, Begegnung bzw. Empathie entstehen lassen. Gleichzeitig empfand ich ein Gefühl der Dankbarkeit, mich in einer ganz anderen Lage zu befinden: Nicht der ständigen Angst und Sorge ausgesetzt zu sein, die ein Krieg zwangsläufig mit sich bringt. Hier bildete sich eine Diskrepanz, auf der mein Mitgefühl, aber auch mein Horizont wachsen konnte.

Zum anderen überkam mich im Moment der Erzählung auch ein Gefühl der Überforderung. Irgendetwas sperrte sich in mir. Eine Ohnmacht, die drohte, mich aus meinem Leben zu reißen und mir mein Recht auf eben dieses abzusprechen. Ich fragte mich, auch als angehender Psychotherapeut, ob zu viel unregulierte emotionale Empathie im Kontakt mit dem Gegenüber nicht auch hinderlich sein kann. Zu viel Mit-Leid kann schnell zur Abwehr führen, die meist unbewusst entsteht, sich aber bis in die verworrensten kognitiven Rechtfertigungen ziehen kann.

Dem gänzlich entgegengesetzt hat ein weiteres Phänomen in mir Interesse geweckt. In den Seminaren ereigneten sich auch lustige Momente und es wurde miteinander gelacht. Als ich die Videoclips im Nachhinein durchgesehen habe, ist mir erneut aufgefallen, wie mit jeder heiteren Szene, die Teilnehmer:innen immer lockerer und offener wurden. Angespannte und verunsicherte Momente schienen sich über das Lachen zu entladen. Miteinander lachen stellt grundsätzlich etwas Gemeinschaftliches dar. Lachen, Lächeln, Gähnen und andere Mimik, die im Grunde global verständlich ist, wirken sich zwar nicht direkt über den Mechanismus der Empathie, aber indirekt als Gefühlsansteckung auf das soziale Umfeld aus. Alles wird unwillentlich nachgeahmt und kann im Weiteren gemeinsame Gefühle erzeugen. Was mich jedoch am meisten faszinierte, war, dass mir dieses gemeinsame Lachen so vertraut war. Im Moment des Lachens war es mir völlig gleichgültig, ob da nun Österreicher:innen, Syrer:innen, Araber:innen etc. mit mir lachten.

Es könnte sein, dass ich diese Szenen als Anker verinnerliche und sie mir helfen, in meiner zukünftigen systemisch-psychotherapeutischen Arbeit differenzierte Empathie gegenüber dem »Fremden« zu empfinden und gleichzeitig meine Grenzen zu wahren.

III

Am Ende

6 Quintessenzen des *Kulturendialogs* für Begegnungen mit *Fremden*

Corina Ahlers

Alle Teilnehmenden haben aus dem *Kulturendialog* gelernt. Teilnehmende aus der ÖAS und aus der SMART Academy erlebten Momente des Voneinander-Lernens, der vorsichtigen Begegnungen und möglichen Dialoge während der Workshops, in den Jours fixes, in den Abschlussveranstaltungen zum Projekt und in den nachträglich durchgeführten Interviews: Beobachtungen, Erzählungen, Reflexionen und Videoanalysen sind die Quellen, aus denen *wir* schöpfen. Daraus haben *wir* ein Paket geschnürt. Es weist motivierten Weltenbummler:innen (der Innen- und der Außenwelten)[22] Wege, wie sie teilweise informiert, teilweise ahnungslos, jedoch emotional stabil durch »fremdes« Gewässer driften können. Berater:innen bzw. Psychotherapeut:innen finden abschließend Tipps für den Erhalt des inneren Gleichgewichts in der Begegnung mit dem Fremden. Sie erfahren, wie sie Fremden familiär und durchaus herausfordernd, aber auch empathisch begegnen können. Die ersten Schritte der Begegnung sind holprig, durch zähes Bemühen gekennzeichnet. Oft gibt es Rückschritte und manches Mal auch bewegende Momente.[23] Eine Prise Selbstironie tut gut, indem das Eigene infrage gestellt wird. Das Überwinden innerer Ängste lässt Gemeinsames entstehen, selbst wenn die Differenz unübersehbar bleibt. Widersprüche gehören dazu.

---

22 Gemeint sind an dieser Stelle alle, die im psychosozialen Bereich mit »Fremden« arbeiten, aber auch alle weltoffenen Menschen, die sich für das Zusammenleben mit »Fremden« einsetzen.

23 Der derzeit laufende *Kulturendialog*, diesmal in kleinerer, eher weiblich dominierter Runde, bestätigt diese Angaben.

Das anschließende Navigationssystem für Weltenbummler:innen bedient sich systemischer Prämissen, die im *Kulturendialog* eine erstaunliche Passung gefunden haben.

Die Mailänder Schule übersetzte Gregory Batesons Ideen in zirkuläre Fragen (Selvini-Palazzoli, Boscolo, Cecchin u. Prata, 1981), es folgte das visionäre Spielen mit Unterschieden: Unterschiede, die Unterschiede machen. Dass Unterscheidungen objektiviertes Wissen relativieren – u. a. Vorurteile, Normen, Bewertungen –, und dass aus der Differenzierung Alternativen entstehen, gehört zum systemischen Basiswissen (Bateson, 1987). Wie man dadurch problematische Kommunikationen auflösen kann, lässt sich u. a. bei Kurt Ludewig (1992) nachlesen. All das lässt sich postwendend auf die Arbeit mit dem/den Fremden anwenden.

Tom Andersen zum Beispiel liebte den Begriff des »Vor-Urteils«, den er gern in zwei Worte aufteilte, um das »Nachher« des »Vor-Urteils« einzuführen. Er meinte, dass das Abgleichen des »vorher Gedachten« mit dem »nachher Erlebten«, und der offene, neugierige Vergleich eine spielerische Haltung auf den Weg bringe. Im Therapieprozess würde sich das »aneinander Anknüpfen« als Berührtheit zeigen, was das therapeutische In-Beziehung-Sein ermögliche (Andersen, 1990, 1991). Heute nennt man eine solche Beziehung einen »offenen oder relationalen Dialog« (Gergen, 1994; Seikkula u. Trimble, 2005; Seikkula, Alakare u. Aaltonen, 2011), und meint damit die Begegnung mittels innerer Transformation beider Parteien. Das Motto: Ich kann mein Gegenüber durch meine innere Transformation verändern und vice versa. Nur so entsteht »relationale Identität« (Gergen, 2015). Die Arbeit an der relationalen Identität fordert u. a. laut Sheila McNamee (2015) eine »radikale innere Präsenz«. Gerade mit dieser Haltung können Begegnungen durchaus angespannt verlaufen, bis die Bereitschaft zur inneren Transformation da ist (McNamee, 2015). Es ist also meistens ein Ringen – hoffentlich beider Parteien –, der zum Erfolg führt.

Unsere hier dargestellten Thesen greifen auf systemische Prämissen zurück. Gleichzeitig sind sie das Fazit einer Metaanalyse der vorherigen Kapitel, erweitert durch nachträgliche Interviews, die Gustav Glück mit Aladin Nakshbandi und Natascha Vittorelli mit den ÖAS-Teilnehmenden des Projekts *Kulturendialog* führten.

Empfehlungen für alle, die mit dem Fremden leben und arbeiten

1. **Wissen versus Vor-Urteile:** Erkunde das Fremde, um dich besser zu verstehen! Die bleibende Diskrepanz zwischen deinen Bildern und dem, was du siehst, spielt sich im Kopf ab. Verändere dich, statt eine Anpassung der Anderen zu erwarten. Wissen (Bücher, Filme, Erzählungen von anderen …) zu den Fremden, die du gerade kennenlernst, kann helfen, ist jedoch kein Garant dafür, dass du dich innerlich transformierst. Dein Erleben hat vor dem kognitiven Wissen Vorrang.
2. **Serependität:** Finde, was du nicht gesucht hast! Werde dir dessen gewahr, dass das, was du neben dem Prozess des Suchens findest, wertvoll ist. Sei damit zufrieden. Bescheidenheit befreit – und Freiheit erweitert den Blick. Lass deinen Blick langsam und absichtslos schweifen. Das Spielerische des Prozesses wird dich nachhaltig bereichern.
3. **Selbsterfahrung – innere Reflexion:** Deine Komfortzone erweitert sich bei jeder neuen Situation mit Fremden! Du wirst deine Ängste und Hemmungen spüren und erkennen, und jede kleine bewältigte Überwindung öffnet nicht nur dich, sondern bewegt die Welt! Deine Schritte laden Interessierte ein, innezuhalten und es dir gleichzutun. So förderst du eine Haltung, die Angst besiegen kann.

4. **Differenzierung:** Irritiere die Fremden und lass dich von »ihnen« irritieren, statt Unterschiede nivellieren zu wollen. Erhalte deine Neugier für das Merkwürdige. Gemeinsames kommt von selbst. Wenn dem nicht so ist, dann musst du lernen, es auszuhalten! Das heißt, dass du deine Ungeduld zügeln musst. Eine Möglichkeit, geduldiger zu werden, ist Kreativität. Oder aber auch: Kreativität macht geduldiger!
5. **Humanismus:** Widme dich dem »Fremden« in seiner Trost und Hoffnungslosigkeit. Spüre deiner Ahnung nach, dass du die bessere Seite des Lebens erwischt haben könntest. Lass deine Betroffenheit zu. Erahne darin etwas für dich Existenzielles! Das wird deine Haltung gegenüber Fremden tragen.
6. **Begegnungen:** Suche nicht die Augenhöhe, verbinde dich eher mit dem Fremden, indem du deinen Standpunkt aufgibst und den anderen nicht annimmst! Merke die Schwierigkeit in dir, diesen Zustand zu akzeptieren. Es ist nichts mehr selbstverständlich. Das ist bedrohlich, atemberaubend, faszinierend. Versuche nicht, es schnell abzuschließen. Es bleibt dahingestellt, was es ist: ein ephemerer Moment, eine kurzfristige oder andauernde Sympathie, eine Freundschaft.
7 **Bleibe der Einzigartigkeit und dem Moment verhaftet:** Werde dir bewusst, dass jeder/jede Fremde einzigartig ist, und dass zwischenmenschliches Verstehen, Glück und Freude im Moment entstehen und wieder vergehen. Der Moment kann Wissen, Tradition und Werte nicht ausschalten, er bleibt das, was er ist: eine wertvolle Begegnung.
8. **Alltagsregeln und Geschlecht in einer nicht säkularisierten Welt:** Wie auch immer du deine Position gegenüber den Frauen, den Männern und Gott definierst: »Sie« merken es nicht unmittelbar! Es gibt kein Sensorium beim Gegenüber für deine Selbstanalyse. Durch den Schleier dem männlichen Blick

entzogen, aber selbst sehend! Mit unverschleierten Frauen konfrontiert! »Ihre« Frauen und Männer müssen die Blicke auf sich selbst, miteinander und in Erwartung unserer Sichtweise austarieren und den Kontroversen standhalten – genauso wie »wir«. Diese Welt hinter dem Schleier gehört »ihnen«. Akzeptiere deshalb die blinden Flecken in aller Bescheidenheit.

9. **Langzeitwirkung und Transgenerationalität:** Ein Subjekt, das mit beiden Welten spielen kann, braucht mehrere Generationen im Gastland, um sich unbekümmert zu erleben. Aber jede positive Erfahrung mit »uns« wird den Prozess beschleunigen. Der Wille zum Widersprüchlichen kann beiden Seiten helfen.

7 Mein *Kulturendialog:* Ein Nachwort

Ghazaleh Djananpour

Vor Beginn des *Kulturendialogs* war mir meine eigene Rolle darin nicht wirklich klar. Beim ersten Treffen hatte ich schließlich das Gefühl, dass ich *auch* als Vermittlerin fungieren würde. Ich war mir jedoch unsicher,

- ob ich als Immigrantin, die als Kind nach Österreich kam und es »geschafft« hatte, als Vorbild dienen sollte, oder
- ob ich als Vermittlerin zwischen den Kulturen gefragt war, oder
- als angehende Psychotherapeutin eine therapeutische Sichtweise einnehmen sollte, denn schließlich ist Corina Ahlers auch meine Ausbildnerin.

Diese Situation hat mich anfangs irritiert. Doch bald gelang es mir, mich von der Dynamik der Forschungsarbeit tragen zu lassen. Dies brachte mich zugleich immer wieder an persönliche Grenzen: Ich saß zwischen den Stühlen, da ich mich weder eindeutig zur inländischen Psychotherapeut:innenseite noch zur Immigrant:innenseite zugehörig fühlte. Mein eigenes Leben zwischen den Welten wurde mir in den Monaten der Mitarbeit deutlicher bewusst – und das, obwohl meine Immigration bereits 38 Jahre zurücklag! Bei den ersten Treffen rang ich mit meiner Haltung – sollte ich mich angesichts meiner Verunsicherung eher zurückziehen und verschließen? Ich beschloss, mich auf diese Erfahrung einzulassen, die mich doch viel Kraft kosten sollte: Immer wieder versetzten mich schmerzhafte Flashbacks in meine Vergangenheit zurück. Dennoch habe ich aus der Einstellung, im Hier und Jetzt zu bleiben, neue Energie schöpfen können. Mir wurde meine eigene Identität in ihren vielfachen Facetten klarer – als Frau aus einer anderen Kultur (auch aus einer anderen Familienkultur), als Tochter, Mutter, Psychologin sowie angehende Psychotherapeutin.

Die Begegnung mit inländischen Kolleg:innen hat mir zu mehr Sicherheit im Forschungsprojekt verholfen. Ihr Interesse und ihre Neugierde gaben mir das Gefühl, mit meiner oftmals anderen Sichtweise einen wichtigen Beitrag zu leisten. Das hat mich ermutigt, dabeizubleiben und aktiv mitzuwirken. In der Reflexion verschiedener Schlüsselszenen war die Unterschiedlichkeit der Zugänge immer wieder aufs Neue faszinierend.

Zutiefst erschüttert hat mich die Tatsache einer Gewöhnung an den Kriegsalltag: dass die Konfrontation mit dem Tod und die Bedrohung des eigenen Lebens, aber auch des Lebens geliebter Menschen für vom Krieg Betroffene buchstäblich alltäglich werden kann! Solche Situationen weckten Erinnerungen an Bilder und Gefühle aus meiner Kindheit, die offensichtlich lange Zeit verdrängt geblieben waren. Mir wurden Ambivalenzen in meiner Herkunftsfamilie klarer: Mussten meine Eltern viel Leid ertragen oder waren es doch mein Bruder und ich, die noch größeres Leid erfuhren? Das Projekt eröffnete mir den Raum, mich mit derartigen Fragen auseinanderzusetzen und meine verborgene Trauer zu bearbeiten.

Für meine zukünftige Arbeit bedeutet dies, dass immer wieder auch ein Perspektivenwechsel hilfreich sein kann. Als Immigrantin kann ich den Schmerz und die Verzweiflung anderer Betroffener gut nachvollziehen. Mir wurde noch deutlicher bewusst, dass Empathie und Verständnis für die Situation von Menschen, die »ihre« Heimat verlassen mussten und hier vor dem Nichts stehen, oftmals wichtiger ist als Technik, Expertise oder therapeutische Identität. Die therapeutische Profession ist für Menschen aus einer anderen Kultur oft schwer verständlich. In der Arbeit mit Menschen, die »ihre« Heimat und »ihre« kulturelle Umgebung verlassen mussten, ist Vorsicht und Sensibilität angebracht, um »ihre« Hoffnungen nicht zu zerstören. Gleichzeitig versuche ich, »ihnen« die Realität der neuen Umgebung näher zu bringen, um »sie« dabei zu unterstützen, sich im Gastland besser einleben zu können. Ich ziehe viel Positives aus dem *Kulturendialog,* z. B.:

- kreativ zu sein,
- Fehler machen zu dürfen,
- darauf zu vertrauen, dass etwas passieren wird und nicht eisern an einer Expert:innenrolle festzuhalten.

In der Arbeit mit unbegleiteten Minderjährigen habe ich die Wichtigkeit erkannt, einfach im Hier und Jetzt für ratsuchende Personen da zu sein. Jemandes Zeit exklusiv für sich beanspruchen zu können und dabei so zu sein, wie man möchte, zeigt therapeutische Wirkung. Das Leben von Personen mit Migrationshintergrund verläuft überwiegend fremdbestimmt. Solche Sitzungen geben ihnen den Eindruck von Normalität und helfen, das Gastland als neue Heimat zu akzeptieren.

Als angehende systemische Psychotherapeutin halte ich es für notwendig, eigene Verunsicherungen und Ängste auszuhalten. Diese Erkenntnis hat mir im Umgang mit meinen eigenen Ängsten aufgrund des Gefühls, zwischen zwei Welten zu leben, geholfen. Es war spannend, die Begegnung der orientalischen mit der europäischen Welt zu reflektieren und auch die Unterschiede in den Religionszugehörigkeiten wahrzunehmen. Jede Glaubensgemeinschaft hat eine eigene Kultur und ist ein einflussreiches Instrument der Veränderung. Ich selbst habe bemerkt, dass Kultur nicht nur der Heimat entspricht, in der man geboren wurde und aufgewachsen ist, sondern auch der Religion, der man angehört. Der Glaube, den man in sich trägt, ist oft Grundlage für das eigene Weltbild und Bilder, die man sich von seinen Mitmenschen macht.

8 Literatur

Ahlers, C. (2017a). Kommunikative Kompetenz: Das Rollenspiel in der Systemischen Ausbildung. Münster/New York: Waxmann.

Ahlers, C. (2017b). Auf der Suche nach der gender-viablen Integration: Frauen- und Männerblicke auf den Prozess der Be-Heimatung zureisender Kulturen. In B. T. Koch (Hrsg.), Junge Flüchtlinge auf Heimatsuche: Psychosoziales und pädagogisches Handeln in einem sensiblen Kontext (S. 185–198). Heidelberg: Carl-Auer.

Ahlers, C. (2018). Gendered perspective. Gedankensplitter einer Systemischen Therapeutin im Zusammenleben mit syrischen Flüchtlingen. Zeitschrift für Systemische Therapie und Beratung, 2, 84–99.

Ahlers, C. (2019). Cultural dialogue at home – Austrian hosts and Syrian refugees: An autoethnographic narrative. Taos Books and Publications/world shared books/Free for downloading.

Andersen, T. (1990). Das reflektierende Team: Dialoge und Dialoge über Dialoge. Dortmund: Modernes Lernen.

Andersen, T. (1991). Beziehung, Sprache und Vor-Verstehen in reflektierenden Prozessen. Systeme, 3 (2), 102–111.

Anderson, H. (2009). Thoughts from Harlene Anderson. Postmodern/social construction assumptions: Invitations for collaborative practice. Harlene Anderson Writings. Taos Institute Newsletter, January 2009. Zugriff am 29.04.2020 unter https://taosinstitute.net/resources/journals-and-newsletters/the-taos-institute-newsletter

Anderson, H., Goolishian, H. (1992). Der Klient ist Experte: Ein therapeutischer Ansatz des Nicht-Wissens. Zeitschrift für systemische Therapie, 10 (3), 176–189.

Bateson, G. (1987). Geist und Natur. Frankfurt a. M.: Suhrkamp.

Bianchi, P. (2018). Einen Kunstsinn suchen und finden. In Vom Sinn der Kunst. Kunstforum International, Bd. 253 (S. 49 ff.). Köln: Kunstforum International.

Broy, M., Kuhrmann, M. (2013). Projektorganisation und Management im Software Engineering. Berlin/Heidelberg: Springer Verlag.

Bukow, W. K., Ottersbach, M. (Hrsg.) (1999). Die Zivilgesellschaft in der Zerreißprobe. Wie reagieren Gesellschaft und Wissenschaft auf die postmoderne Herausforderung? Opladen: Leske + Budrich.

DiAngelo, R. (2011). White fragility. International Journal of Critical Pedagogy, 3 (3), 54–70.

Frances, A. (2013). Normal. Gegen die Inflation psychiatrischer Diagnosen. Köln: DuMont.

Gergen, K. (1994). Realities and relationships. Soundings in social construction. Cambridge: Harvard University Press.

Gergen, K. (2015). Beziehungsethik in helfenden Berufen. Familiendynamik, 40 (3), 188–196.

Hegemann, T. (2016). Interkulturelle Kompetenz. Systemische Konzepte bewähren sich zur Verankerung von interkultureller Fachlichkeit in Beratung und Therapie. Überarbeiteter Beitrag aus: J. Radice von Wogau, H. Eimmermacher, A. Lanfranchi (Hrsg.) (2004). Therapie und Beratung von Migranten. Systemisch-interkulturell denken und handeln. Weinheim: Beltz Verlag. Zugriff am 01.08.2016 unter www.systemmagazin.de.

Hess, S., Binder, J., Moser, J. (Hrsg.) (2009). No integration?! Kulturwissenschaftliche Beiträge zur Integrationsdebatte in Europa. Bielefeld: Transcript.

Hochschild, A. R. (2017). Fremd in ihrem Land. Eine Reise ins Herz der amerikanischen Rechten. Frankfurt a. M./New York: Campus.

Kruchten, P. (1999). Der Rational Unified Process. Eine Einführung. Übers. von C. Versteegen. München: Addison Wesley Longman.

Ludewig, K. (1992). Systemische Therapie. Grundlagen klinischer Theorie und Praxis. Stuttgart: Klett-Cotta.

Luhmann, N. (1989). Reden und Schweigen. In N. Luhmann, P. Fuchs (Hrsg.), Reden und Schweigen (S. 7–20). Frankfurt a. M.: Suhrkamp.

Luhmann, N. (2017). Die Kontrolle von Intransparenz. Frankfurt a. M.: Suhrkamp.

McNamee, S. (2017). Radical presence: Alternatives to the therapeutic state. European Journal of Psychotherapy & Counselling, 17 (4), 373–383.

Meyer, H., Reher, H. (2016). Projektmanagement: Von der Definition über die Projektplanung zum erfolgreichen Abschluss. Wiesbaden: Springer Gabler.

Rezapour, H., Zapp, M. (2011). Muslime in der Psychotherapie. Ein kultursensibler Ratgeber. Göttingen: Vandenhoeck & Ruprecht.

Rober, P. (2011). The therapist's experiencing in family therapy practice. Journal of Family Therapy, 33 (3), 233–255.

Schinagl, H. (2017). Hierarchie und alternative Ansätze. Masterarbeit am Department für Psychologie der Sigmund Freud Privat Universität Wien, Institut ARGE Bildungsmanagement, 2017.

Seikkula, J., Trimble, D. (2005). Healing elements of therapeutic conversation: Dialogue as an embodiment of love. Family Process, 44 (4), 461–475.

Seikkula, J., Alakare, B., Aaltonen, J. (2011). The comprehensive open-dialogue approach (II). Long-term stability of acute psychosis outcomes in advanced community care: The Western Lapland Project. Psychosis, 3, 1–13.

Selvini Palazzoli, M., Boscolo, L., Cecchin, G., Prata, G. (1981). Hypothetisieren – Zirkularität – Neutralität: Drei Richtlinien für den Leiter der Sitzung. Familiendynamik, 6 (2), 123–138.

Sesma Vazquez, M., DeFehr, J. (2018). Resisting trauma-informed care: Troubling current notions of trauma intervention. Breakout Session at 25th Anniversary Silver Jubilee and Conference, Nov. 2–10, 2018, Cancun, Mexico.

Shotter, J. (2015). On being dialogical: An ethics of ›attunement‹. Context, 137, 8–11.

Stoeber, M. (2015). Serendipity – Vom Glück des Findens: Niklas Luhmann, Ulrich Rückriem, Jörg Sasse. Kunsthalle Bielefeld, 11.7.–11.10.2015. Wendezeiten. Deutschland in der Kunst (S. 258 f.). Köln: Kunstforum International.

Wasserman, I. (2005). Transformative learning. Expanding stories of ourselves in relationship with stories of »others« in dialogue. Zugriff am 29.04.2020 unter https://newprairiespress.org/aerc/2005/papers/8

Yildiz, E. (1999). Fremdheit und Integration. Ausführungen zum besseren Verständnis, Anregungen zum Nachdenken. Bergisch Gladbach: BLT.

9 Die Autorinnen und Autoren

Dr. Corina Ahlers, Psychologin, Dozentin, Systemische Familientherapeutin und Lehrtherapeutin für Systemische Therapie an der ÖAS (Österreichische Arbeitsgemeinschaft für Systemische Therapie und Systemische Studien) und der Sigmund Freud Privatuniversität in Wien, forscht derzeit zu den Themen Patchwork, Gender und kulturelle Bindung. Sie ist Gründerin des *Kulturendialogs* (Kontakt: http://www.Corina-Ahlers.at oder http://www.familieneu.at).

Mag. Ghazaleh Djananpour, Psychologin, geboren in Teheran (Iran), studierte an der Universität Wien mit Schwerpunkt auf Interkultureller Psychologie. Im Bereich der klinischen Psychologie hat sie sich auf Angst- und Belastungsstörungen, Depressionen und Aufmerksamkeitsstörungen spezialisiert. Derzeit ist sie in Wien als Klinische und Gesundheitspsychologin und Systemische Familientherapeutin interkulturell tätig (Kontakt: http://www.office@mehr-mut.com).

Dr. Gustav Glück hat Betriebswirtschaft und Psychotherapiewissenschaft studiert, absolvierte eine Fort- und Weiterbildung in Bioenergetischer Analyse bei der DÖK (Die österreichische Gesellschaft für körperbezogene Psychotherapie – Bioenergetische Analyse) und arbeitet als Unternehmensberater, Organisationsentwickler sowie in freier Praxis (Instiut Entwicklung mit Glück). Er befindet sich in der Ausbildung zum Systemischen Therapeuten an der ÖAS (Kontakt: http://www.institut-entwicklung-mit-glück.at).

Magdalena Glück, M. Sc., hat Change Management studiert, ist Pferdewirtin und Reitlehrerin sowie Zertifizierte Trainerin für pferdegestütztes Coaching. Sie befindet sich in der Ausbildung zur Bioenergetischen Analytikerin unter Supervision bei der DÖK und arbeitet in freier Praxis (Kontakt: http://www.institut-entwicklung-mit-glück.at).

Anna Maria Huber, M. A., B. Sc., hat Ergotherapie an der FH Wiener Neustadt sowie Psychologie an der Webster University (Webster Groves, Missouri, USA) studiert und ist als freiberufliche Ergotherapeutin in Wien tätig. Derzeit befindet sie sich in Ausbildung zur Systemischen Psychotherapeutin an der ÖAS (Kontakt: anna-huber@hotmail.com).

Michael Kastanek, Diplom-Ingenieur (FH), ist ausgebildeter Tontechniker und Hörgeräteakustiker und hat Elektronik (B Sc., FH) und Medientechnik (Diplom, FH) studiert. Derzeit befindet er sich in Ausbildung zum systemischen Psychotherapeuten an der ÖAS (Kontakt: tw05k111@gmx.at).

Aladin Nakshbandi, MBA an der Universität von Atlanta, war bis 2015 Berater für Entwicklung und Kommunikation in diversen arabischen Ländern, u. a. in Dubai. Seit 2015 lebt er in Wien. Er ist Gründer des Vereins SMART Academy in Wien, der sich bemüht, eine Brückenstellung zwischen arabischen Flüchtlingen und österreichischen Institutionen einzunehmen (Kontakt: aladin.bandi@gmail.com oder http://www.SmartAcademy.at).

Mag. Martina Ruttin ist selbstständige Restauratorin. Im Verein »Hemayat« in Wien hat sie Erfahrung in der Behandlung von Kriegs- und Folteropfern gesammelt. Derzeit arbeitet sie in eigener Praxis und befindet sich Ausbildung zur Systemischen Psychotherapeutin an der ÖAS (Kontakt: https://www.martina-ruttin.at).

Dr. Natascha Vittorelli ist zweisprachig (Deutsch, Serbokroatisch) in Wien aufgewachsen und hat Geschichte und Slawistik in Wien und Barcelona studiert. Nach dem Studium war sie langjährig in Forschung und Lehre an den Universitäten Wien und Innsbruck tätig. Ihre Ausbildung zur Systemischen Therapeutin hat sie an der Lehranstalt für Systemische Familientherapie absolviert. Zurzeit ist sie in freier Praxis als Psychotherapeutin und Einzellehrtherapeutin tätig (Kontakt: http://www.perspektivewechseln.at oder vittorelli@perspektivewechseln.at).

Die Herausgeber:innen (von links nach rechts):
Gustav Glück, Natascha Vittorelli, Corina Ahlers und Aladin Nakshbandi